成功するコツがひと目でわかる

野菜と果樹の育て方

藤田 智 著

日本文芸社

はじめに

種をまき、ドキドキしながら待ち、かわいらしい芽がニョキニョキと出てくると、思わず笑顔になってしまいます。日に日に大きく育ち、たわわに実をつけた時は、涙が出るほどうれしいものです。

今日はナスとピーマンが、そろそろトマトとキュウリも食べごろだ……、明日はダイコンの種をまこう、来月はネギに挑戦だ……と、菜園生活をしていると毎日忙しくてうれしい悲鳴をあげてしまいます。そして、収穫したばかりの新鮮な野菜を口に入れた瞬間は、まさに至福の喜びです。

甘い春キャベツ、かわいらしい姿を見せるジャガイモ、長い冬を乗り越えて生命力にあふれたタマネギ、たわわに実ったイチゴなど、すがすがしい春野菜たち。太陽の恵みをたっぷりと浴びたトマト、キュウリ、トウモロコシなどの夏野菜。実りの秋はサツマイモ、ニンジン、ブロッコリー。寒さに負けず元気な姿を見せるダイコン、カブ、ネギなどは、大地の恵みを感じさせてくれ、一年を通して楽しめます。

また、最近は果樹の苗なども気軽に購入でき、野菜と違って何年も続けて栽培・収穫できることもあり、庭木で育てる果樹も人気です。

魅力いっぱいの菜園生活ですが、失敗もつきもので、「あれ？大丈夫かな？」と疑問に思ってもなかなか質問できないのも事実。でも心配は無用です。この本では、私が開いている家庭菜園教室の受講生から、よくある質問と回答をそれぞれの野菜ごとに紹介しています。

これから家庭菜園をはじめたいと思っている人も、すでに菜園生活をして、もっと上達したいと思っている人も、必ずこの本が役に立つはずです。

藤田智

庭木で楽しむ果樹

STAFF
企画・編集　(株) ナヴィ インターナショナル
編　集　木村俊亮、菊池友彦、遠藤理沙
レイアウト　羽田眞由美 (ナヴィインターナショナル)
カメラ　天野憲仁 (日本文芸社)
イラスト　梨岡健二
装　丁　釜内由紀江 (GRiD)
撮影協力　長島勝美、佐野徳次郎、恵泉女学園大学、神奈川県農業技術センター、(株) カネコ種苗、(株) サカタのタネ

失敗しない

野菜づくりの基本

畑づくりの基本
土づくりの基本
いつどんな野菜を植えればいいの？
年間栽培プラン
すじまき・点まき・ばらまき
苗の選びかたと育てかた
苗の植えかた
基本作業
支柱の立てかた
マルチングのしかた
寒冷紗の使い分け
基本の菜園道具
肥料について知りたい
病害虫の対策
コンテナで野菜づくり

野菜に適した畑をつくる

畑づくりの基本

野菜を上手に育てられるかどうかは、半分は土のよしあしで決まるといっても過言ではありません。ここでは、畑の土の状態を知るためのチェックや、基本の畝のつくりかたを紹介しますので、覚えておきましょう。

1 土層の深さをチェック

ダイコンやニンジンなど、根を土中深く伸ばす野菜などは、土がやわらかくないと、地表に出てきてしまったり根が曲がったりなどうまく育ちません。

そこで、畑の土層がどのぐらいの深さなのかを確認しておきます。畑の真ん中を、1か所30cm以上スコップで掘ります。やわらかい土の層が何cmあるのかを調べて、20～30cm以上ならOKです。

2 土質をチェック

土にはいろいろな性質がありますが、代表的なのが粘質土と砂質土です。粘質土は粘りけが強く保水性はよいのですが、雨が降ると固まり、土が乾くと表面が硬くなってしまい、野菜の発芽や育ちが悪く影響が出ます。

砂質土は水はけがよすぎて保水性が悪く、養分も水と一緒に流れてしまい、やはり野菜の栽培には不向きです。その中間ぐらいの土質がよい土です。

3 水はけのチェック

水はけの悪い畑は、根腐れの原因になりますので、水はけもチェックしておきます。

20～30mm程度の雨が降った翌朝になっても水が引かない場合や、2～4日たっても掘りあげた土がねばねばしていたら、水はけの悪い土地です。

その場合は、よく耕して土をやわらかくするか、畝を高くするとよいでしょう。

4 酸度チェック

つくる野菜によって土の酸度を調整する必要があります。土の酸度を測定する方法はいろいろありますが、家庭菜園では市販のpH試験紙を使うのが簡単です。

また、ホウレンソウ、エダマメ、レタス、インゲン、ネギなどを栽培していて生育障害が出たら、土が酸性に傾いていると考えて間違いありません。ほかにもスギナ、オオバコ、ハハコグサ、スイバなどの雑草が繁っているようなら、酸性だと判断してよいでしょう。

●主な野菜のpH値の目安

強度	野菜の種類	pH値
酸性に弱い	ネギ、ゴボウ、タマネギ、ホウレンソウ、アスパラガス	6.0～7.0
	トマト、キュウリ、メロン、エンドウ、ニンジン、キャベツ、ブロッコリー、レタス、セロリ	5.5～6.5
	トウモロコシ、インゲン、サツマイモ、サトイモ、カブ、ダイコン、パセリ	5.5～6.0
酸性に強い	スイカ、ジャガイモ	5.0～5.5

1 土層の深さをチェック

1か所を30cm以上掘って、やわらかい土の層が何cmあるか調べます

耕盤《こうばん》（硬い土の層）までの深さが10～15cmしかない場合は、スコップで深く耕します

2 土質をチェック

水分を含んだ土を握りしめて、土のかたまりを指で押してへこむと、粘質土。
握りしめてもかたまらないで崩れると、砂質土

土のかたまりを指で押して簡単に崩れると、よい土

3 水はけをチェック

翌日になっても水がたまっている場合は、水はけが悪い土

水はけが悪い場合は、畝を高くして水はけをよくする

4 酸度をチェック

1 深さ15cm以上の土（深いほど正確）を移植ゴテで掘り、2.5倍の蒸留水を加えてよく攪拌《かくはん》する

2 30～60秒待ち、上澄み液にpH試験紙を浸す

3 カラーチャートと合わせて酸度をチェック

成功するかどうかは土しだい

土づくりの基本

野菜を栽培するためには、土を耕し、砕き、ベッドになる畝をつくることが大切です。ここでは、野菜の栽培に最適な、やわらかく水はけのよい土や畝のつくりかたを紹介しますので、覚えておきましょう。

土づくりの基本は「耕起《こうき》・砕土《さいど》・畝立《うねた》て」

土づくりは、畑を耕し（耕起）、土を砕き（砕土）、畝をつくる（畝立て）という3つの作業が基本になります。

また、基本の作業の際に、石灰を散布して酸性の土壌を矯正したり、堆肥などの有機物を施し、化成肥料で土に栄養を与えてやることも必要です。

土を耕す（耕起）

「耕す」とは、くわやスコップで畑の土を30cmぐらい掘り起こして、表面の土と深い場所の土を反転させることです。

雨が降ったり踏み固められたりすることで、土の粒が密になってしまい、通気性や排水性がなくなってきます。土を耕して土中に空気を取り入れ、通気性や排水性を高めなければなりません。また、耕すことで除草にもなるので一石二鳥です。

そして、土を耕す際に、石灰を散布して土壌の酸度を中和させることも大切です（酸度についてはP.8参照）。

土を砕く（砕土）

土をくわなどで細かく砕くことを「砕土」といい、野菜の根の発育を高めるために大切な作業です。種をまいたり、苗を植えつけるときに作業がとてもらくになります。

砕土は、耕した1週間後ぐらいに行いますが、その際に堆肥《たいひ》（有機物）を1m²あたり2kg程度入れるとよいでしょう。

畝立て

「畝立て」とは、野菜を栽培する土を盛り上げたベッドのようなものをつくる作業のことで、きれいな畝をつくれると、それだけで成功率がアップします。

畝立てをするときには、1m²あたり100gの化成肥料を施すようにします。

肥料を散布する方法には、畑全面に肥料を散布する全面施肥《せひ》と、畝に溝を掘り、そこに肥料を投入する作条《さくじょう》施肥があり、つくる野菜によって使い分けます。

また、畝は盛り上げる土の高さによって、平畝《ひらうね》と高畝《たかうね》とがあります。平畝は畝の高さが10cm程度、高畝は20～30cm程度の高さに盛り上げます。

畝の向きは、平地なら東西方向につくるのがおすすめです。畑が傾斜している場合は、等高線に沿ってつくるとよいでしょう。

畝の幅について

畝の幅は60～70cm前後か、少し広めの120cmぐらいでつくるのが一般的です。基本は、野菜が生育して左右に枝葉が伸びる幅を目安にします。

畑の面積が狭い場合、小さな畝をたくさんつくると通路にスペースを取られるので、幅を広くして畝数を少なくするのが基本です。

畑の耕しかた

1 石灰を散布

畑の全面に100〜200g/m^2の石灰を散布します

2 30cmの深さに耕す

くわで30cmぐらいの深さまで土を掘り起こします

元肥のまきかた

1 ひもを張る

畝をつくる幅に合わせてひもを張ります

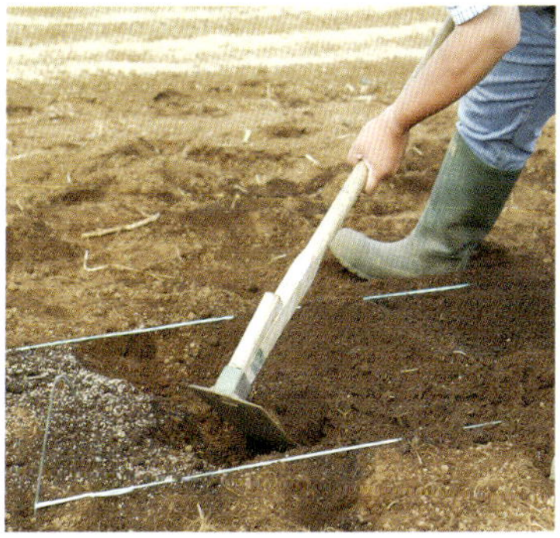

2 堆肥と化成肥料を散布

全面散布の場合、2kg/m^2の堆肥と、100g/m^2の化成肥料を、ひもを張った場所に散布します

作条施肥の場合、ひもを張った中央に溝を掘ります

3 溝に2kg/m^2の堆肥を施します

4 溝に100g/m^2の化成肥料を施します

5 溝を掘った土を元に戻します

畝のつくりかた

畝をつくるには、P.10の要領で堆肥と化成肥料を施した畑に、畝幅に合わせて2本のひもを張ります。

最初は、ひもに沿ってくわを入れ、ひもの外側の土を、ひもの内側に入れて畝を高くします。

土を入れ終わったら、高くなった畝の表面を、レーキで平らに整えて完成です。

通常の畝の高さは10cmぐらいですが、水はけの悪い畑や地下水位が高くて湿気がある畑には、畝の高さを20〜30cmにする高畝が適しています。

平畝と高畝は栽培する野菜によっても使い分けますが、葉菜類は平畝にし、根菜類などは高畝にするのが一般的です。

また、畝を高くしても、畝幅が狭いと乾燥しやすくなりますので、むやみに畝を高くするのは避けましょう。

鞍つきのつくりかた

スイカなどの排水に気をつけなければいけない野菜を育てる際には、「鞍つき」といって1株ずつ円形に土を盛り上げた畝をつくります。

つくりかたは、必要な畝幅（直径）で深さ約30cmの穴を掘り、そこに堆肥と化成肥料などの元肥《もとごえ》を入れて土を埋め戻します。

次に穴の周囲にくわを入れ、円周の内側に土を盛り上げます。

円形になるように土を盛り上げたら、表面を手やレーキなどで平らにならして完成です。

●畝の種類と適した野菜

畝の種類	適した野菜
平 畝	青菜類、キャベツ、オクラ、コカブなど
高 畝	トマト、ピーマン、キュウリ、イチゴなど
鞍つき	スイカ、メロンなど

平畝のつくりかた

1 ひもに沿ってくわを入れ、ひもの外側の土を、ひもの内側に入れます

2 反対側の土も同様にし、四辺すべての土をひもの内側に入れます

3 ひもの内側の土が、10cmぐらいの高さに盛り上がったら、レーキで表面を平らにならします

4 表面が平らになったら、ひもを外して畝の完成です

鞍つきのつくりかた

1 元肥を投入する

くわで30cmぐらいの深さに穴を掘ります

掘った穴に2kgの堆肥を入れます

ひと握り（約30g）の化成肥料を入れます

2 円形に土を盛り上げる

掘った穴を埋め戻します

埋め戻した穴の周囲の土を、穴の中心に盛り上げます

きれいな円形になるように土を盛り上げます

3 表面を平らにならす

20〜30cmぐらいの高さに盛り上がったら表面を平らにならします

鞍つきの完成です

鞍つきはしっかりと高く（20〜30cmぐらい）することが大切です

効率よく野菜を育てるには

いつどんな野菜を植えればいいの？

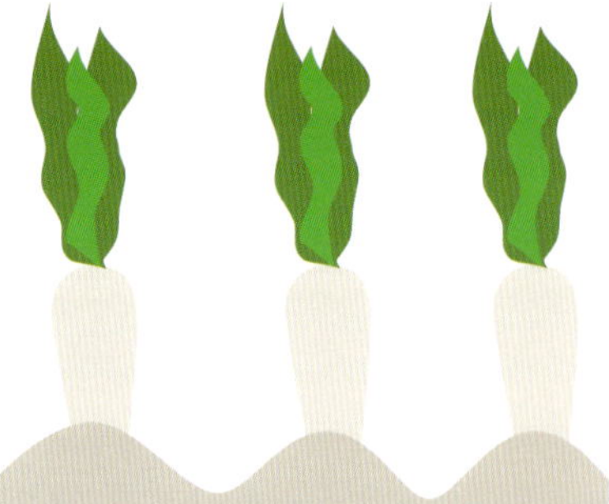

野菜には栽培に適した時期がありますが、時期さえ守ればどんな野菜を育ててもいいわけではありません。一緒に育てると病気になったり、連作できない野菜があります。菜園初心者が頭を悩ます、畑のプランニングを紹介します。

連作障害を避けるプランがコツ

家庭菜園で失敗しないためには、まず第一に栽培の時期を間違わないことです。やみくもに野菜をつくっても、うまく栽培できなかったり、収穫できないなど失敗の原因になってしまいます。

菜園初心者によくある失敗に、同じ野菜や同じ科の野菜を続けてつくってしまい、土壌病害虫にやられ、生育障害を起こしてしまう「連作障害」があります。

連作障害を防ぐには、「輪作《りんさく》」といって、野菜の種類を次々に変えて栽培していく方法が一般的に行われています。

また、堆肥などの有機物を施したり、石灰で土壌のpHを調整したり、病害虫に強い品種やつぎ木苗を選ぶことも大切です。

このような問題があるので、野菜づくりを成功させるためには、菜園のプランをしっかりと立ててから始めるようにしましょう。

●主な野菜の連作障害

野菜名	障 害
トマト	青枯れ病、萎凋《いちょう》病
キュウリ・スイカ・メロン	つる割れ病、センチュウ
ナス	青枯れ病、半身《はんしん》萎凋《いちょう》病
ピーマン	立枯性疫病《たちがれせいえきびょう》、ネコブセンチュウ
エンドウ	立ち枯れ病
コマツナ・ハクサイ・キャベツ	根コブ病

●休栽が必要な主な野菜とその年数

休栽年数	野菜の種類
1年間以上	トウモロコシ、イチゴ、ホウレンソウ、ネギ、キャベツ、コマツナ、レタスなど
2年間以上	キュウリ、オクラ、タマネギ、ニラ、ハクサイなど
3年間以上	ピーマン、トマト、シシトウ、インゲン、ジャガイモ、セロリ、ミツバなど
4～5年間以上	ナス、ソラマメ、エンドウなど
連作障害の少ない野菜	カボチャ、ズッキーニ、ダイコン、ラディッシュ、サツマイモ、ニンジンなど

トマトを連作するには？

連作すると病害の出やすい野菜でも、どうしても連作しなければならない場合には、それなりの方法があります。

そこで、トマトの連作障害を防ぐ方法を紹介しますので試してみましょう。

その1 つぎ木苗を植える

トマトの連作障害は、主に土壌病害（青枯れ病、萎凋病など）によるので、抵抗性のあるつぎ木苗を植えることで連作障害が出にくくなります。

その2 天地返しをする

野菜をつくるやわらかい土層（作土層）と硬い土層（耕盤）の下にある土（心土）を入れ替えることを天地返しといい、連作障害に効果があります。

その3 堆肥などの有機物を施す

堆肥などの有機物を多めに施すことで、連作障害を防ぐ対策になります。

その4 土壌消毒

1～3の方法でも不安な場合は、農薬を使って土壌を消毒する方法もあります。また、畑の表面にビニールを張り、太陽の熱で土を消毒する方法もあります。

●主な野菜の栽培期間一覧

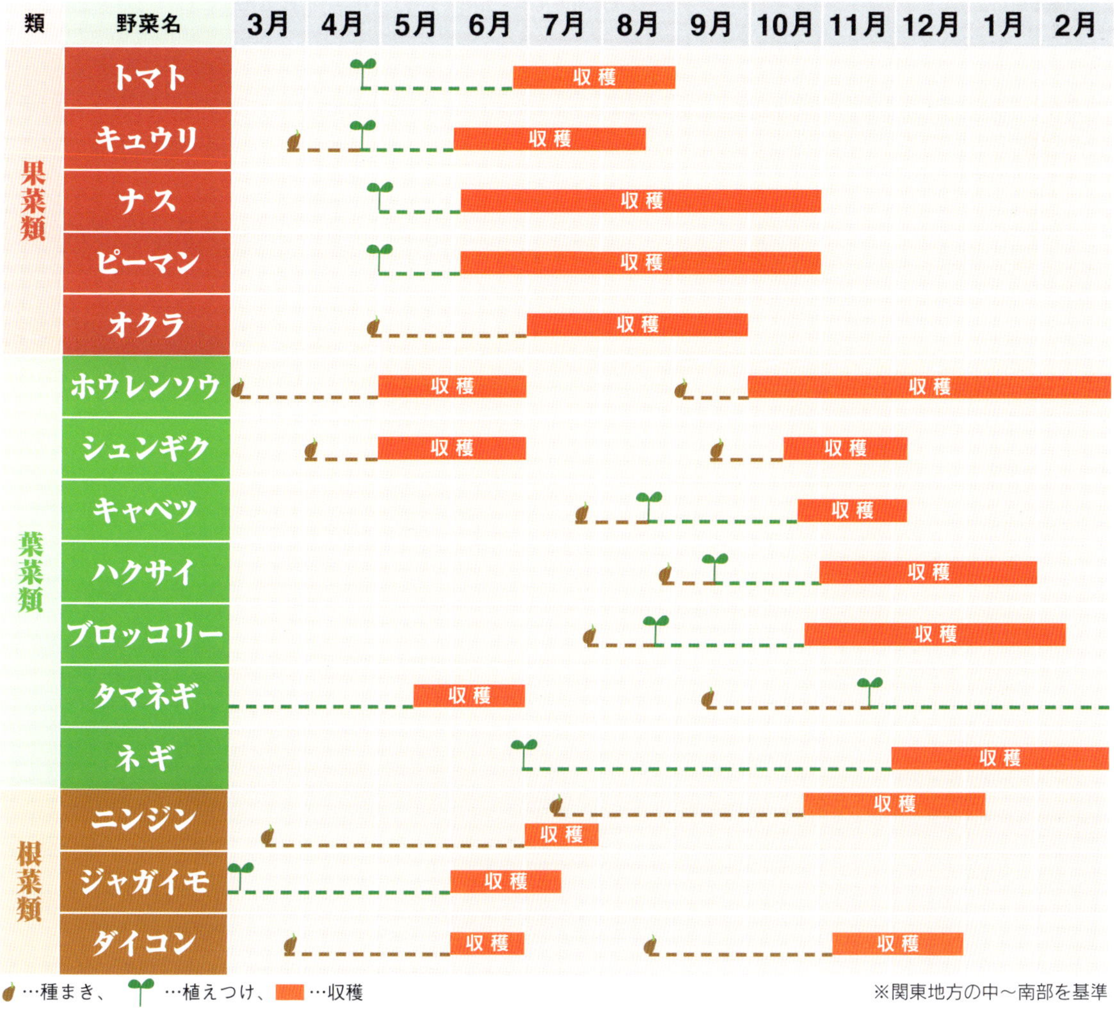

※関東地方の中～南部を基準

失敗しない

年間栽培プラン

限られたスペースを有効に使って野菜を育てましょう

1年目のプラン

失敗しない栽培プランでおすすめなのが、畑を4区画に分けて栽培する方法です。

春から夏にかけては、1区にはキュウリを植えつけます。1区をさらに2つに分けてキュウリと一緒にトウモロコシを植えてもよいでしょう。

2区にはキョウナ、チンゲンサイを植えつけます。3区にはインゲン（つるなし）、エダマメを植えつけましょう。

4区にはトマト、ミニトマトを植えつけます。畑が広い場合は、4区をさらに区切って一緒にナスを植えつけてもよいでしょう。

秋から冬にかけては1区にダイコン、2区にはレタス、サニーレタス、シュンギク、3区にはホウレンソウ、ラディッシュがおすすめです。また、ホウレンソウ、ラディッシュの収穫後、11月中旬〜下旬頃にタマネギを植えつけましょう。

4区はハクサイとブロッコリーを植えつけます。10月中旬〜下旬頃からイチゴの植えつけ適期となりますので、畑の縁取りに植えると翌年の5月中旬頃から収穫できます。

2年目のプラン

2年目からは、連作に注意して作づけします。そのため、基本的に各区でつくった野菜と違う種類を植えつけていきます。

1区にトマト、ミニトマトを植え、2区にはキュウリを植えつけます。

3区はキョウナ、チンゲンサイを植えつけます。ただし、1年目に植えつけたタマネギが、5月下旬頃に収穫期を迎えますのでその後作です。

4区はインゲン（つるなし）、エダマメを植えつけます。また、1年目に畑の周囲に植えつけたイチゴからランナーが伸びてきたら、ポットに受けて育苗（P.175参照）します。

秋から冬は1区にハクサイ、ブロッコリーを植えつけましょう。キャベツでもかまいません。

2区にダイコン、3区にレタス、シュンギク、サニーレタスを植えつけます。4区にはホウレンソウ、ラディッシュがおすすめです。また、11月中旬〜下旬頃、ホウレンソウ、ラディッシュの後にタマネギを植えつけます。

3年目のプラン

3年目ともなると、野菜づくりもだいぶ慣れてくるはずです。前年よりも質のよい野菜づくりを目指しましょう。

1区にインゲン（つるなし）、エダマメを植えつけます。暑さに強いエンサイを栽培してもよいでしょう。

2区にはトマト、ミニトマト、ナスを植えつけます。その際一画にピーマンを一緒に栽培してもよいでしょう。

3区にはキュウリを植えつけます。その際に畑の一画にトウモロコシ、オクラなどを植えつけてもかまいません。
4区にはキョウナ、チンゲンサイを植えつけます。チンゲンサイのかわりにコカブを栽培してもよいでしょう。
秋から冬は、1区にはホウレンソウ、ラディッシュがおすすめです。また、11月中旬～下旬頃になり、ホウレンソウ、ラディッシュの収穫を終えたら、その後にタマネギを植えつけましょう。
2区には秋作の定番野菜のハクサイ、キャベツ、ブロッコリーなどを植えつけます。
3区にはダイコンを、4区にはレタスを植えつけます。レタスの収穫後に、べたがけをしてホウレンソウの栽培をすると質のよいものが収穫できるので、挑戦してみてください。

●1年目の畑のモデルプラン

	春～夏	秋～冬
1区画	キュウリ	ダイコン
2区画	キョウナ チンゲンサイ	レタス、シュンギク、 サニーレタス
3区画	インゲン(つるなし) エダマメ	ホウレンソウ ラディッシュ
4区画	トマト ミニトマト	ハクサイ ブロッコリー

●2年目の畑のモデルプラン

	春～夏	秋～冬
1区画	トマト ミニトマト	ハクサイ ブロッコリー
2区画	キュウリ	ダイコン
3区画	キョウナ チンゲンサイ	レタス、シュンギク、 サニーレタス
4区画	インゲン(つるなし) エダマメ	ホウレンソウ ラディッシュ

●3年目の畑のモデルプラン

	春～夏	秋～冬
1区画	インゲン(つるなし) エダマメ	ホウレンソウ ラディッシュ
2区画	トマト ミニトマト	ハクサイ ブロッコリー
3区画	キュウリ	ダイコン
4区画	キョウナ チンゲンサイ	レタス、シュンギク、 サニーレタス

覚えておきたい3種類の種まき

すじまき・点まき・ばらまき

青菜類や根菜類、豆類など、畑に直接種をまいて育てる野菜は数多くあります。一言で「種まき」といっても、3種類のやりかたがありますので、ここでしっかりと覚えておきましょう。

畑に種をまくじかまき

種を畑に直接まく方法をじかまきといいます。単に種をまくといっても、野菜の種類や種をまく場所によって、すじまき、点まき、ばらまきという3種類の方法があります。

また、種のまきかたも大切ですが、種をまく畝の表面が平らになっているかどうかも重要なポイントです。

畝の表面がでこぼこしていると、種が土に深く埋まっていたり、浅く埋まっていたり、水がたまって過湿になったりと、場所によって条件が均一にならず、うまく発芽しない原因になります。種をまく前に、レーキで必ず畝の表面を平らにしましょう。

すじまき

1列に種をまく方法をすじまきといい、1列にそろって発芽するため、栽培管理が行いやすいというメリットがあります。

畝に1列にまく場合を1条まき、2列だと2条まきといい、ホウレンソウなどの青菜類や、カブ、ニンジンなどに適したまきかたです。

すじまきは、畝に支柱などを押し当ててまっすぐの溝をつけ、そこに種を1cm間隔でまき、土をかぶせます。

土をかぶせる作業を覆土《ふくど》といい、種の直径の3倍の厚さの土をかぶせるのが基本です。ただし、ニンジンやレタスなど、発芽に光が必要な野菜は、覆土を薄くします。

点まき

1か所に数粒の種をまき、それを等間隔で

すじまきのしかた

1 畝に支柱などを押し当てて、溝をつけます

2 溝に1cm間隔で種をまきます

3 溝の両側から指でつまむようにして土をかぶせます

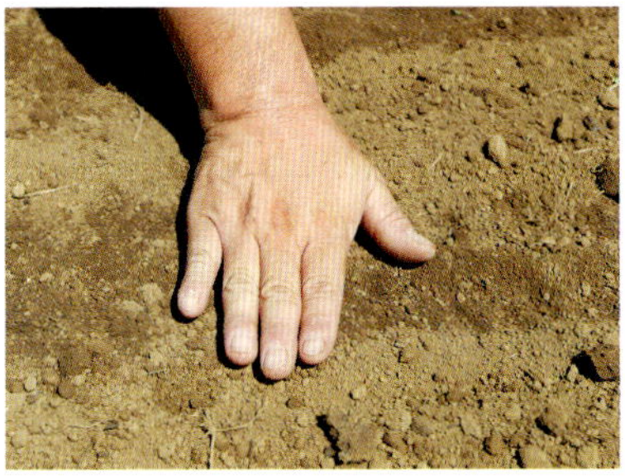

4 最後に手で上から軽くおさえます

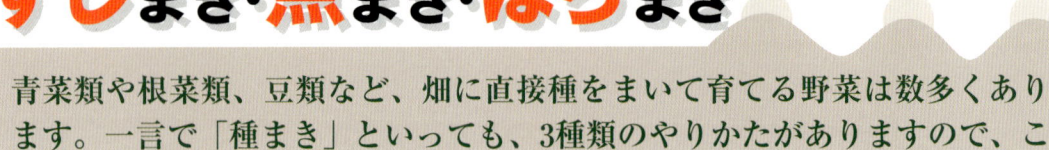

行うまきかたを点まきといいます。
ダイコン、ハクサイ、トウモロコシなど、比較的大型の野菜を育てる際に行います。株と株の間をはじめから広めに取り、1か所に4～5粒ずつ種をまいていきます。昔の種は育ちのそろいが不十分だったので、すじまきをしてたくさん種をまき、その中からよい株を残していましたが、現在は育ちのそろいがよいF_1品種が大半です。
さらに、点まきだと種の数も少なくてすみ、発芽後も列がそろい、株と株との間隔も一定なので、間引き作業がとてもらくになります。
まきかたは、まず、種をまく位置にひもを張り、缶や瓶の底で一定の間隔にくぼみをつけます。1か所に種を数粒まき、約1cmの土をかぶせて手で軽くおさえて終わりです。
1か所にまく種の数、くぼみの間隔、覆土の量は野菜の種類によって違うので、それぞれに合った分量で種をまきましょう。

ばらまき

最後にばらまきですが、これは畝の表面にバラバラと種をまく方法です。
種のまきムラや、発芽率もばらばらで、間引きなども大変なので、家庭菜園ではあまりおすすめしない方法です。

ばらまきの場合、畝に直接パラパラと種をまき、上から土をかぶせます

点まきのしかた

1 畝にまっすぐひもを張ります

2 ひもに沿って、等間隔にくぼみをつけます

3 1か所につき数粒の種をまきます

4 くぼみに土をかぶせ、手で上から軽くおさえます

手軽で失敗も少ない

苗の選びかたと育てかた

最近は園芸ショップやホームセンターなどで、野菜の苗を手軽に購入することができます。特に家庭菜園初心者は、苗から栽培を始めれば失敗も少なくなるのでおすすめです。また、種から育てる場合も、ポットで苗を育ててから植えつけると失敗がなくなります。

よい苗の選びかた

苗選びのポイント

最近は園芸店やホームセンターなどで、トマトやキュウリなどの代表的な野菜から、かなり珍しい苗まで手軽に入手することができるようになりました。その反面、植えつけ適期よりもかなり早い状態や、育ちすぎている苗、軟弱な苗なども多いのが現状です。

こうした苗を植えつけても、収穫に失敗したり、品質が悪かったりと、苗のよしあしに成功と失敗が左右されてしまう心配があります。

よい苗を選ぶためには、①節間が詰まっている、②葉の色が濃く病害虫にやられていない、③根鉢ができていて、根が白いかどうか、の３つをチェックするのが基本です。

苗の育てかた

畑にじかまきすると発芽させるのが難しい野菜や、苗が市販されていない珍しい野菜は、多少難易度も上がりますが、ポットに種をまいて、自分の手で苗を育ててみるとよいでしょう。

ポットまきに使う土は、市販の培養土でもかまいませんが、赤玉土（50〜60％）、腐葉土（30〜40％）、バーミキュライト（10〜20％）に、石灰、化成肥料をそれぞれ用土１ℓあたり1〜2g混ぜて、自分でつくると安心です。

よい苗を選ぶポイント

1 節と節の間が詰まっていて、間延びしていない苗を選びます

2 葉の色が濃く病害虫にやられていないもの

3 しっかり根鉢ができていて、底の根が白くて元気なこと

ポットまきのしかた

1 資材を準備する
種、ポリポット、ネット、用土などを準備します

2 ネットを敷く
ポットの底に約3cm四方のネットを敷きます

3 用土を入れる
ポット縁から1～2cm下ぐらいまで用土を入れます

4 指でくぼみをつける
種をまく数だけ指で2～3cmぐらいの深さにくぼみをつけます

5 種をまく
くぼみに種をまきます

6 土をかぶせる
手で土をおさえてなじませます

簡単で失敗しない

苗の植えかた

市販の苗を購入したりポットまきで育てたりした場合など、苗を畑に植えつける方法と、植えつけ後の水のやりかたについて覚えましょう。

植えつけのしかた

ポットなどに種をまき、発芽してある程度育った苗を畑に植えかえる作業を、植えつけといいます。

苗を植えつけるには、一般的に植えつけの約2週間前までに石灰を施して土壌の調整を行います。1週間前までには、堆肥《たいひ》、化成肥料などの元肥《もとごえ》を散布して耕しておきます。

植えつけ場所に畝立てした後、ポリマルチなどを畝にかぶせておくと、地温が上昇して苗の活着がよくなります。野菜の種類によってはマルチがおすすめです。

また、キュウリなどは植えつけの前にあらかじめ支柱を立てておくやり方もありますから、それぞれの作業日程を調整して準備を行いましょう。

苗の植えつけは、できれば風のない曇った日が一番適しています。夏は晴天だと日差しが強すぎますし、風が強い日だと植えつけた苗がしおれてしまったり、風で倒れたり、茎が折れて傷んでしまうこともあるので、注意しましょう。

植えつけのしかたですが、まず、畝に移植ゴテで根鉢がすっぽり入るくらいの植え穴を掘ります。じょうろのハス口を外して手で覆い、植え穴に水がたまるくらいたっぷりと水を注ぎます。

水が引いたら根鉢を崩さないように注意してポットから苗を取り出します。その際に人さし指と中指で茎の根元をおさえ、苗を逆さにしてゆっくり外すと簡単に外れます。

植え穴に苗の根鉢を入れ、株元に土を寄せて手で軽くおさえつけて土となじませます。根鉢が少し出るくらい浅く植えつけることを浅植えといい、茎が少し隠れるくらい深めに植えつけることを深植えといいます。

また、植えつけ前に液体肥料を水で1,000倍に薄めたものを苗にかけておくと、根が活着しやすくなります。

植えつけ後には、たっぷり水やり

植えつけ後は、新しい根が出るまでは吸水が十分行えないので、葉から水分が蒸発しすぎるとしおれたり、葉が枯れたりします。

特に乾燥が続いたり風が強い日にはそれが著しく、植え傷みを起こしてしまいます。

植え傷みを防ぐためにも、植え終わったら、必ず株元や畝全体にたっぷりと水をやりましょう。

植えつけ後は、土が乾燥してきたら水をやるのが基本ですが、野菜によっては乾燥を好む種類や、逆に湿った土壌を好む種類があります。それぞれの特性に合わせた水やりを心がけましょう。

根鉢が少し出る浅植え

茎が少し隠れる深植え

苗の植えつけかた

1 畝に植え穴を掘る

移植ゴテで根鉢が入るくらいの植え穴を掘ります

植え穴にたっぷりと水を注ぎます

たまった水がひいたら、苗を植えつけます

2 植えつけ

人さし指と中指で茎の根元をおさえて苗を逆さにします

根鉢を崩さないようにていねいにポットを外します

植え穴に苗の根鉢を入れます

株元に土を寄せます

株元を手で軽くおさえつけて土となじませます

ハス口を上に向けたじょうろで、たっぷりと水をやります

野菜を育てるための基本作業

種をまいたり、苗を植えつけたりしたら、野菜を収穫するための菜園作業を行わなければなりません。ここでは、成功するために最低限覚えておきたい菜園作業の基本を紹介します。

菜園作業の流れ

種をまいてから収穫するまでには、いろいろな作業をしなければなりません。野菜によっては行わなくてよい行程や、作業が増えることもありますが、野菜をつくる前に一連の流れを覚えておくと便利です。

●栽培作業の流れ

種まき（植えつけ）
▼
間引き
▼
除　草
▼
追　肥
▼
土寄せ
▼
中　耕
▼
摘心・わき芽かき（果菜類など）
▼
支柱立て・誘引（果菜類など）
▼
収　穫

間引きのしかた

畑に直接種をまいても、ポットに種をまいて苗を育てるにしても、すべての種から芽が出てくるとは限りません。

また、芽が出てからも病気で枯れてしまったり、虫に食べられてしまうことだってあります。あらかじめ多めに種をまいておけば、それだけ成功する確率が上がります。

しかし、種をたくさんまけば必要以上の芽が出てしまい、放っておくとひと株ごとの養分が足りずに大きく育ちません。

そこで、幼苗時に順次不要な芽を取り除く作業が「間引き」です。

やりかたは野菜の種類によっても違いますが、基本的には栽培する野菜に適した株間を確保しながら、生育不良な株を取り除けばよいでしょう。

発育不良の苗を間引く
ポットまきや点まきなどは、発芽したら育ちのよい苗を残して、元気のない苗を間引きます

株間を調節するために間引く
すじまきの場合、間引きをしないと苗が密集しすぎてしまうため、等間隔で苗を間引きます

除草のしかた

日本は雨が多く、春から秋まで比較的温度も高いので、雑草の生育も実に旺盛です。しかし、雑草は土壌の養水分を奪ったり、苗を覆って野菜の生育に悪影響を及ぼします。

特に苗の生育初期の幼植物では、苗が溶けて消えてしまうこともあります。逆に生育後半になれば、野菜が繁茂して雑草を抑えてくれます。

除草の方法は、雑草を手でむしったり、除草カマで刈り取る、レーキやホーなどを使って刈り取るとよいでしょう。

除草剤を使う方法もありますが、家庭菜園の場合は畑の面積も比較的狭いので、なるべくなら無農薬栽培を目指して安全な野菜をつくりましょう。

手で摘み取って除草
よく観察しながら、雑草が生えてきたらこまめに摘み取りましょう

手や除草カマで雑草を取り除く
除草カマで行うと、除草だけでなく中耕の効果もあります

追肥のしかた

野菜は、生育につれて養分を多く吸収する傾向があります。

そのため、野菜の生育状態を見ながら肥料を追加して施す作業が追肥です。

追肥で施す肥料は主に化成肥料（窒素）で、場所や分量は野菜によって違います。追肥専用の化成肥料を株元や畝間に30〜50g/m^2程度施すのが一般的です。

また、水で500〜1,000倍に薄めた液体肥料を葉面に散布する方法などもあります。

株間に追肥
株と株との間に肥料を施します

畝間に追肥
畝間に肥料を施します

条間に追肥
株の列と列との間に肥料を施します

有機肥料や化成肥料って何？

肥料について知りたい

密接な関係がある野菜と肥料。与えないと元気がなくなりますし、与えすぎても障害が起こります。園芸店などにはさまざまな肥料が販売されていますから、どれを選んでいいか分からない人も多いはずです。肥料について簡単に知っておきましょう。

野菜と肥料の関係は？

野菜は、土中に根を伸ばして水分や養分を吸収しています。

たくさん実をつける野菜や大きくなる野菜は、もともと土の中にある養分だけでは成長に必要な栄養はとてもまかないきれません。そのため、肥料を補う必要があります。

野菜の成長には、窒素（N）、リン酸（P）、カリ（K：カリウム）の三大栄養素が必要です。窒素は葉を繁らせ、リン酸は実をつける、カリは根を張るのにそれぞれ必要だといわれています。ですから、育てていく途中で、土の肥料が不足する前に追肥をすることが大切となってきます。

このほかにカルシウムとマグネシウムが必要で、三大栄養素と合わせて五大栄養素と呼ばれます。

どんな肥料を選べばいいか

肥料には、有機質と無機質があります。有機質肥料は、堆肥《たいひ》、油かす、魚かすなどが代表です。これらの肥料の性質は緩効性で、多くの微量成分を含んでいます。

無機質肥料の代表は石灰や化成肥料で、これは三大栄養素が調整でき、与えればすぐに効果があるのが特徴です。

また、無機質肥料には液体タイプと固形タイプがあり、施しやすさなら固形、より速効性を求めるなら液体タイプを使います。

市販の肥料の多くは、この三大栄養素の比率が「N15：P15：K15」などのように記載されていますから、育てる野菜に適したものを選べばよいでしょう。

一般的に、大きな実をつける果菜類は三要素がバランスよく、葉が大きく育つ葉菜類は窒素（N）が多く、根が肥大する根菜類はカリ（K）が多く必要になります。

●主な栄養素と不足したときの野菜の症状

栄養素	不足したときの症状
窒素（N）	葉の色つやが悪くなり、葉自体も小さくなる
リン酸（P）	葉が紫色に変わってくる
カリ（K）	葉の周囲が枯れてくる
石灰（Ca）	若葉の葉先が黒変し、トマトでは実の尻が黒変する

この本では、窒素（N）：リン酸（P）：カリ（K）が、8：8：8の化成肥料を使っています

肥料

家庭菜園で使用する、主な肥料を紹介します。

N：P：K＝15：15：15の肥料

N：P：K＝8：8：8の肥料

化成肥料《かせいひりょう》

三大栄養素がバランスよく配合された無機質肥料。窒素、リン酸、カリの成分量が30％以下のものが一般的。

ヨウリン

三大栄養素のうち、リン酸だけを含んだ肥料。主に果菜類の元肥《もとごえ》に使います。

消石灰《しょうせっかい》

土壌を中和して無害化し、根の発育を促します。

苦土石灰《くどせっかい》（粒状）

マグネシウム成分が入った石灰のことで、土壌を中和する力は消石灰に劣りますが、施肥《せひ》後すぐに種まきや植えつけができます。

堆《たい》　肥《ひ》

植物が腐敗してできた有機質肥料で、土にじっくりと養分が浸透し、土をやわらかくします。完全に熟したものが肥料として最適です。

上手につき合えば怖くない

病害虫の対策

家庭菜園で多い失敗が病害虫による被害です。野菜づくりに失敗はつきものですが、正しい対処法を知らないと、まだ元気な苗にも被害が拡大してしまいます。そこで、ここでは病害虫の防除対策と、被害にあった際の対処法を紹介します。

家庭菜園でできる病害虫の予防

野菜を栽培するうえで、病気や害虫による被害は避けられません。

害虫はエサを求めて飛来し、雨の跳ね返りでは土壌中の病原菌に感染してしまいます。

こうした被害を防ぐためには、農薬で防除するのが一番効果的ですが、農薬を使わなくても被害を防ぐ方法があります。

具体的には、日当たりと風通しがよい場所で栽培することです。特に、庭先で栽培する場合は、ブロック塀などに隣接した場所だと風が通りにくいのでなるべく避け、南向きで風の抜ける環境にしましょう。

また、土作り、畝立て、除草や中耕、間引きや土寄せなど、菜園の基本作業をしっかり行うことも、被害を防ぐのに効果的です。

ほかにも、畑の周りにマリーゴールドを植えることでセンチュウ被害を防ぐことができますし、病害虫に対して抵抗性のある品種を利用する、連作をしない、マルチングを利用する、寒冷紗をかけて害虫を侵入させない、害虫を見つけたら捕殺するなど、ちょっとした努力で病害虫の被害を十分に防ぐことができます。

畑の周りにマリーゴールドを植えるとセンチュウ被害を予防できます

●農薬に頼らない病害虫の主な防除法

対策案	効果
石灰をまいて耕す	畑に石灰をまいてよく耕し、土壌を中和することで病害を予防
寒気にさらす	土を荒く起こし、寒気にさらして風化させ、病害虫を防除
株間をあける	株と株の間隔を広げて風通しや日当たりを確保する
連作をしない	連作をせず輪作をすることで障害を未然に防ぐ
トンネル栽培	寒冷紗をかけて、物理的に害虫の侵入を防ぐ
マルチング	シルバーマルチやストライプなど害虫防除効果のあるマルチを使用
反射テープ	光を反射するテープを株周りに張ることでアブラムシを防除
水をシャワー散布	ナスは朝夕に水をシャワーすることでアブラムシを防除
牛乳を散布	牛乳を散布することでアブラムシを防除
被害株の処理	病葉をつみとったり、病気の株を取り除くことで被害を拡大させない

菜園で楽しむ

野菜づくり

果菜類
葉菜類
根菜類
豆　類
中国野菜
デザート野菜
ハーブ

アオイ科

★★★

オクラ

ネバネバと満点の栄養で
夏バテの体力回復に最適な野菜

- 「アーリーファイブ」「ガリバー」など
- 収穫開始後に化成肥料を月に2回（$30g/m^2$）
- 土が乾いていたら水やり
- 根コブ線虫（薬剤で土壌消毒）
  アブラムシ、カメムシ、ハスモンヨトウ
  （DDVP乳剤を散布）

栽培のQ&A

Q　種をまいたのに発芽しません

A　種を一昼夜水に浸す

オクラの種の皮は硬いので、そのまままいても発芽しないことがあります。その場合、種をガーゼなどに包んで、ひたひたの水にひと晩浸して、余分な水けをきってからまいてみましょう。

Q　皮が硬くて、種も大きくておいしくないのですが……

A　早めの収穫を心がける

オクラは成長も早く、1日放っておくだけでもかなり大きくなります。こまめにようすを見て、7〜8cm（人さし指ぐらいの大きさ）で収穫するようにしましょう。また、植えつける時の元肥が多すぎると草勢が強く、実なりが悪くなるので注意しましょう。

栽培カレンダー	3月	4月	5月	6月	7月	8月	9月	10月	11月	12月	1月	2月
作業手順			種まき			収穫						
病害虫					害虫（アブラムシ）							

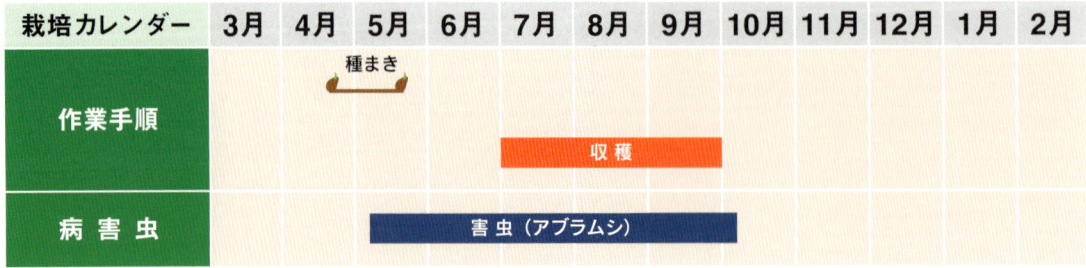

1 種まき

4月末～5月上旬に種まき

発芽適温が25～30℃と高温なため、4月末～5月上旬頃に種をポットまきします。1つのポットに4～5粒くらいずつまきます。オクラの種は種皮が硬いため、一昼夜水に浸した種を使います。

双葉が展開したら3本に間引き、本葉が2～3枚になったら１本立ちにします。

1 ポットに培養土を入れ、指で5か所にくぼみをつけます

2 1か所に1粒種をまきます

2 土づくり

元肥《もとごえ》の量に注意する

植えつけ2週間前に石灰100g/m^{2}程度を全面に散布してよく耕します。1週間前に堆肥2kg/m^2、化成肥料100g/m^{2}を施して深く耕します。元肥の窒素量が多いと実つきが悪くなるので、注意が必要です。

幅70～80cm、高さ10cmの畝をつくります。地温上昇と雑草防止のため、黒マルチをすると生育がよくなります。

1 幅70～80cmの畝をつくります

2 黒マルチをかけます

3 植えつけ

株間50～60cmで植えつけ

植え傷みを少なくするために、本葉が3～4枚になった頃の若い苗を植えつけるようにします。

株間を50～60cm程度とり、マルチに移植ゴテで穴をあけて植え穴を掘り、たっぷりと水を注ぎます。

水が引いたらポットから外した苗を植えつけます。

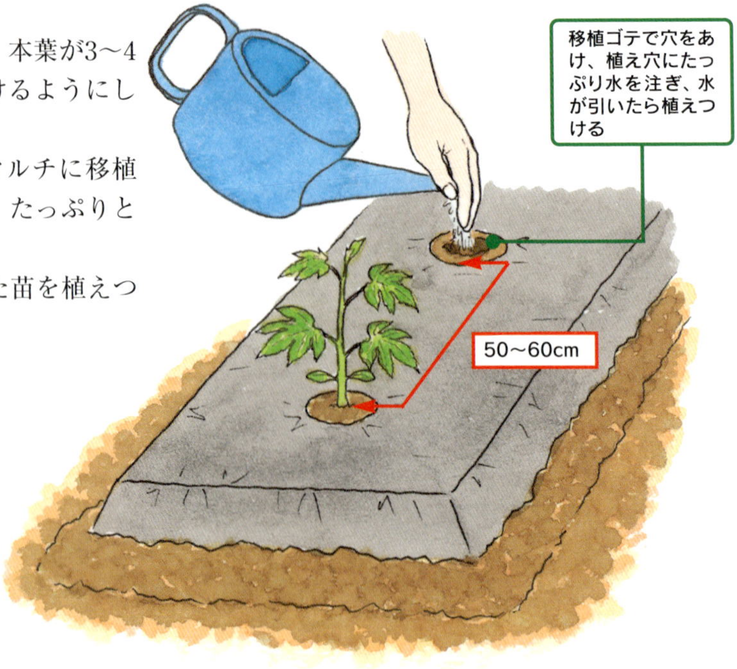

移植ゴテで穴をあけ、植え穴にたっぷり水を注ぎ、水が引いたら植えつける
50～60cm

4 追肥

収穫期に入ってから追肥

1回目の追肥は収穫開始時期に行います。一回の施肥量は化成肥料30g/m^2程度で、マルチをめくり畝の肩のあたりに施して土寄せをします。

以降、月2回ぐらいのペースを目安に追肥を行います。

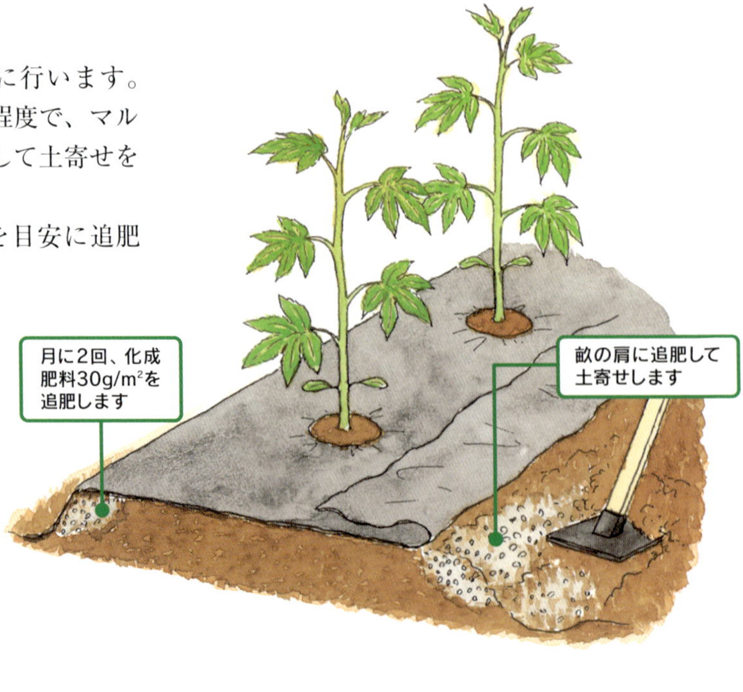

月に2回、化成肥料30g/m^2を追肥します
畝の肩に追肥して土寄せします

5 摘葉

摘葉して風通しよく

収穫がはじまったら、収穫した節の下1～2葉を残して、それ以下の葉を取り除きます。この作業で着果がよくなり、風通しもよくなるので病害の発生も少なくなります。

摘葉をして風通しをよくします

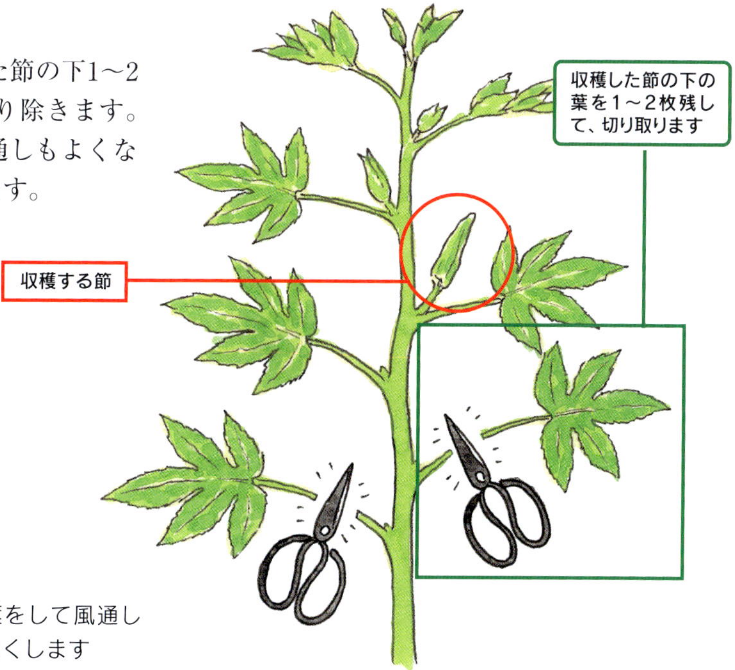
収穫する節
収穫した節の下の葉を1～2枚残して、切り取ります

6 収穫（種まきから約80日後）

早めの収穫を心がける

サヤの長さが7～10cmぐらいになったものから順次収穫していきます。収穫時期を逃すと、大きくなって食べられないばかりか、アブラムシの巣になってしまいます。開花後7日程度を目安に、若いさやを収穫することを心がけましょう。

成功するコツ
人さし指ぐらいの長さになったものを収穫するとよいでしょう

コンテナで育てる

1 培養土（元肥入）を入れた深さ30cm以上の大きめのコンテナに苗を植えます。10℃以下では生育しないので、寒さに注意しましょう。

2 植えつけ後、草丈が20～30cmぐらいになったら、支柱を立てて軽く誘引します。
※草丈が1mぐらいになるので、生育に合わせて誘引します。

3 実がついたら、やや小さめ（6～7cm）で収穫するとやわらかくておいしく食べられます。
収穫後に化成肥料10gを追肥し、月に2回ぐらいのペースで追肥をします。

ウリ科

★★★

カボチャ

あまり手をかけなくても大きくなる手間いらずの強健果菜

「栗えびす」「ベイブレード」など

実がついたら化成肥料を追肥（30〜40g/m^2）

土の乾燥が目立ったら水やり

ウドンコ病（バイレトン水和剤を散布）
アブラムシ、ウリハムシ（マラソン乳剤1000倍を散布）

栽培のQ&A

Q　葉は元気よく育つのに実ができません

A　肥料を少なめにする

カボチャは肥料を吸収しやすい野菜なので、肥料が多いと草勢が強くて実ができにくいこともあります。元気に育っているようなら、追肥をしなくてもよいでしょう。また、土壌の窒素が多くなるとつるぼけになりやすいので、注意が必要です。

Q　実が虫に食われてしまうのですが……

A　わらを多めに敷く

実が直接土に接していると、底の部分が虫に食われたり、湿気で腐ったりしやすくなります。土が見えなくなるぐらい、たっぷりとわらを敷いて予防しましょう。

栽培カレンダー	3月	4月	5月	6月	7月	8月	9月	10月	11月	12月	1月	2月
作業手順		種まき	植えつけ		収穫							
病害虫			病気（ウドンコ病） 害虫（アブラムシ・ウリハムシ）									

1 種まき

春にポットまきで育苗

じかまきとポットまきがありますが、カボチャの育苗はわりと簡単なのでポットまきがよいでしょう。

4月上旬から中旬に、12cm径ポットに2粒ずつ種をまきます。発芽したら生育のよいものを残して1本に間引きます。

本葉が4枚程度（種まき後約30～35日）になったら植えつけられます。

1 ポットに腐葉土を入れ、2か所にくぼみをつけます

2 種を2粒まきます

3 土をかぶせて水をやります

2 植えつけ

多肥に注意する

植えつけ2週間前に石灰100～150g/m^{2}を散布してよく耕します。1週間前に堆肥2kg/m^2、化成肥料50～60g/m^{2}を散布して土になじませます。

植えつけは5月上旬の晩霜の心配がなくなった頃に行います。畝幅90～100cm、通路を含め200～250cmくらいをとります。株間は60～100cmとします。マルチをすると生育もよく、雑草も抑えられます。

1 畝の中央に深さ20cmの溝を掘り、元肥《もとごえ》を施して埋め戻します

2 畝にマルチを張り、植えつけ位置に移植ゴテで穴を掘り、水をたっぷりと注ぎます

3 水が引いたら、ポットから外した苗を植えつけて水をやります

❸ 整枝

生育のよい親づると子づるを残す

つるが伸びてきたら整枝を行います。普通は、親づると子づるの生育のよいものを合わせて2～3本伸ばす方法がよいでしょう。

不要なつるをナイフやはさみで切って整枝します。

親づる1本、子づる2本の3本仕立てにする

主枝から2～3本の子づるを伸ばします

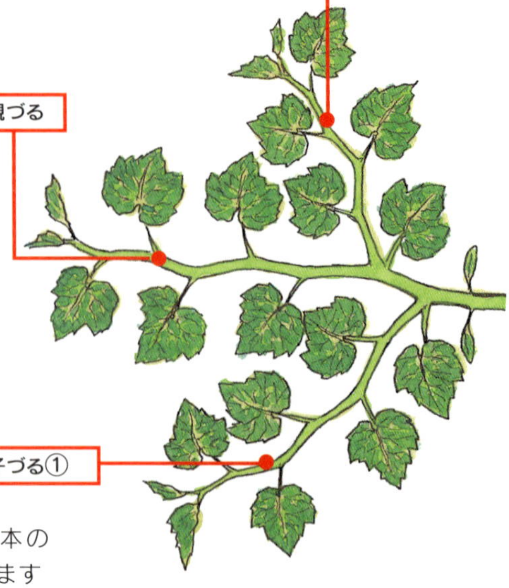

❹ 人工授粉

雌花が咲いたら授粉する

雌花が開花したら、その日の朝早くに雄花の花粉を雌花の柱頭につけて授粉します。**朝を逃すと花粉が発芽力を失ってしまいます。**

自然にまかせると結実しない場合もあるので、人工授粉によって確実に結実させることが、カボチャ栽培のポイントです。

1 花びらの下の部分が細いのが雄花で、花びらの下の部分がふくらんでいるのが雌花です

2 雄花を摘み取り、花びらを取り除いて雄しべを取り出します

3 朝早くに雌花の柱頭にやさしく雄しべをこすりつけて授粉します

5 敷きわら・追肥

生育のようすを見ながら追肥する

つるが繁る前に敷きわらをします。土が見えなくなるぐらいわらを敷きます。雑草を防除すると同時に、果実の汚れや害虫に食べられるのを防ぎます。

果実がこぶし大になったら化成肥料30～40g/m²を畑全面に追肥します。しかし、**つるの伸びが旺盛なときや葉の色が濃い場合は追肥を控えます。**

1 土が見えなくなるくらい、たっぷりとわらを敷きます

2 敷きわらの上から化成肥料をパラパラとまいて追肥します

6 収穫（種まきから約90～100日後）

適期の栽培を心がける

開花後40～45日程度で収穫できます。へたが割れてコルクのようになったものが収穫適期です。

長期間の保存ができますので、収穫したら4～5日間風乾《ふうかん》したのち、利用するまで貯蔵してもよいでしょう。

1 果梗《かこう》の部分をはさみで切って収穫します

2 収穫後は少しおいてから食べると、甘みが増しておいしくなります

ウリ科

★★

キュウリ

開花したら1週間で収穫
こまめに観察してどんどん収穫

「つばさ」「よしなり」「四川」など

化成肥料を月に2～3回（30g/m²）

乾燥に弱いので土が乾かないように水やり
夏場は朝か夕方に水やり

ベト病（ダコニール600倍を散布）
ウドンコ病（モレスタン4000倍を散布）
アブラムシ（DDVP乳剤1000倍を散布）
ウリハムシ（マラソン剤を散布）

栽培のQ&A

Q 株元が枯れてしまうのですが……

A 抵抗性の強いつぎ木苗を購入

少し高価ですが、カボチャの台木につぎ木をした苗を使うと、土壌病害の心配もなく、連作障害にもならずに育てられるのでオススメです。

Q 曲がったり、お尻が太くなったり、形のよい実ができないのですが……

A 速効性の化成肥料を施す

はじめの頃は形のよい実が収穫できますが、次第にいびつな形の実が多くなってきます。大きくなりかけの実や、病気の葉などを取り除き、速効性の化成肥料を施しましょう。また、キュウリは乾燥が苦手ですから、土が乾いていたらたっぷりと水をやることも忘れずに。

栽培カレンダー	3月	4月	5月	6月	7月	8月	9月	10月	11月	12月	1月	2月
作業手順		種まき										
			植えつけ									
					収穫							
病害虫					病気（ベト病・ウドンコ病）							
					害虫（アブラムシ・ウリハムシ）							

❶ 種まき・苗づくり

本葉3〜4枚の苗に育てる

苗づくりの適期は5月頃、10〜12cm径のポットに3粒の種をまき、水をやります。

発芽したら1本間引いて2本立ちにし、本葉が1枚ついたら生育のよいものを残して1本立ちにします。本葉が3〜4枚になったら植えつけ適期です。

また、じかまきをする場合には、「鞍《くら》つき」といって直径30cmくらいの円形の畝を40〜45cm間隔でつくります。それぞれに3〜4粒ずつ種をまき、同様に間引いて、本葉が4〜5枚のときに1本立ちにします。

1 土を入れたポットに、指で穴をあけ、種を3粒まいて軽く土をかぶせます

2 本葉が開いたら、育ちの悪いほうの苗を1本間引きます

❷ 土づくり

深く耕して酸素を十分に供給

キュウリの栽培には深く耕して酸素を十分に供給することと、有機物を多めに施し通気性を改善することが大切です。

植えつけの2〜3週間前に石灰150g/m^2を畑全面に散布してよく耕します。1週間前に堆肥5kg/m^2、油かす100g/m^2、化成肥料100〜150g/m^2、ヨウリン60g/m^2を畑全面に散布して耕します。

2条植えの場合は幅120cm、高さ15〜20cmの畝をつくります。

1 肥料を施したら、くわでなるべく深く耕します

2 左右にひもを張り、幅120cm、高さ15〜20cmの畝をつくります

③ マルチング

地温の低下と水分蒸発を防ぐ

キュウリは、温度が低すぎたり土壌水分が不足すると、生育不良を起こしやすい野菜ですが、マルチングで防ぐことができます。

畑にマルチをしっかりと張り、重しとして中央に土や石などをのせておきます。

1 畝幅よりも大きめのマルチを使い、端に土を盛って固定します

2 反対側にも土を盛り、くわでマルチをすき切ります

3 マルチの中央に土（石でもよい）をのせます

④ 支柱立て

しっかりと支柱を立てる

つる性のキュウリは茎が折れやすいため、合掌式（P.29参照）のしっかりとした支柱を立てます。

植えつけ位置のわきに支柱を斜めに立て、上で交差させるように組みます。支柱が交差する高さをそろえて、交差したところに横に支柱をのせ、各支柱が交差した箇所をひもでしっかりと結び、崩れないようにします。

1 植えつけ場所の外側に支柱を立てます

2 支柱の交差したところに横に1本支柱を通します

3 支柱の交差しているところをひもでしっかりと結びます

4 斜めに支柱を1本通してひもで結びます

5 植えつけ

条間60cm、株間40cmに植える

植えつけ時期は霜の心配がなくなる4月下旬～5月上旬が最適です。苗は条間60cm、株間40～45cmの2条植えにし、植えつけ位置のマルチに穴をあけて軽く土を掘ります。

苗の根元をおさえ、逆さにしてポットを外し、穴に苗をまっすぐ植えつけて根元を軽くおさえます。植えつけが終わったら、株の周りに水やりします。乾燥する夏期は朝方か夕方に十分水をやります。水分が足りないと生育不良を起こす原因となります。

1 植え穴に水をたっぷり注ぎます

2 水が引いたら、ポットから外した苗を植えつけます

6 誘引

植えつけ後に誘引

植えつけ後にひもなどで、苗を支柱に誘引します。

あまりきつく結ぶと生長の妨げとなったり、風などで茎が折れてしまう場合がありますので、必ず茎と支柱の間にあそび（ゆとりを持たせる）をつくっておくことが必要です。

茎にひもをかけたら、ひもを数回ねじってあそびをつくってから支柱に結びます。また、つるの伸びは早いので、茎が垂れ下がる前にこまめに誘引しましょう。

1 苗の根元から10cmぐらいのところにひもをかけ、2～3回ねじります

2 ゆとりを持たせて支柱を結びつけます

ナス科

★★

シシトウ（トウガラシ）

ピーマンと一緒に
栽培できる彩り野菜

- 「翠光」「甘とう美人」がオススメ
- 化成肥料を月に1～2回（$30g/m^2$）
- 乾燥に弱いのでこまめに水やり
- ウドンコ病（トップジンM水和剤1500倍を散布）
  アブラムシ（DDVP1000倍を散布）

栽培のQ＆A

Q　実があまりつかないのですが……

A　日当たりをよくする

日当たりが悪い場合にこのような症状が起きます。対策としては、混みあっている枝を整枝したりして、日当たりをよくすることです。また、植えつけの場所を考えたり、シシトウの隣に背丈の高い野菜を作づけしないなど工夫をしてみましょう。

Q　実が辛いのですが……

A　肥料と水をたっぷり与える

植えつけ時の元肥や追肥の量が少なかったり、水が不足すると辛みの強い実ができます。

栽培カレンダー	3月	4月	5月	6月	7月	8月	9月	10月	11月	12月	1月	2月
作業手順			植えつけ	収穫								
病害虫			害虫（アブラムシ・ハダニ）									

1 畑作り

元肥《もとごえ》をたっぷりと施す

栽培が長期にわたりますので、有機物を多く施すように注意します。**植えつけ２週間前**に石灰150ｇ/m^{2}を畑全面に散布してよく耕します。

１週間前に堆肥３kg/m^2、ナタネかす100ｇ/m^2、化成肥料150ｇ/m^2、ヨウリン60ｇ/m^{2}を全面散布もしくは溝を掘って施肥します。

マルチングすると生育が早く収量も多くなります。

1 元肥を施してよく耕し、畝をつくります

2 マルチがけをして中央に土をのせておきます

2 植えつけ

５月上旬〜下旬頃に植えつける

植えつけの前に、畝幅60cm、高さ20cmの平畝をつくります。畝の長さは植えつけをする株の数に合わせます。植えつけは晩霜の心配がない**５月上旬〜下旬頃**に行います。

幅60cmの畝に株間45〜50cmの１条植えか、畝幅120cmの２条植えとします。

マルチに穴をあけ、穴を掘り、たっぷりと水を注いで水が引いたら、ポットから外した苗を浅めに植えつけます。

1 植え穴を掘り水をたっぷり注ぎます

2 水がひくまで待ちます

3 植え穴に苗を植えつけ、土をかぶせて株元を軽くおさえます

③ 仮支柱立て

仮支柱で苗を固定する

植えつけ後、苗が風で倒れないように仮支柱を立てます。

苗を植えつけたら、株のわきに仮支柱（60～70cmくらい）を垂直に立てます。株元から10cmぐらいのところの支柱と茎をひもで軽く結んで誘引します。

苗が大きくなってきたら、仮支柱を外して本支柱を立て、生育に合わせて誘引していきましょう。

1 苗のわきに仮支柱を垂直に立て、茎にひもをかけます

2 ひもを2～3回ねじってあそびをつくり、仮支柱に結びます

④ 整 枝

3本仕立てで育てる

植えつけから2～3週間後、一番果が着果し発育してくると分枝が伸びてくるので、3本仕立てとします。

生育の旺盛な3本の枝を残して、それより下の枝はすべて整枝して摘み取ります。

また生育とともに、枝が混んできたら重なった枝などをこまめに整枝しましょう。

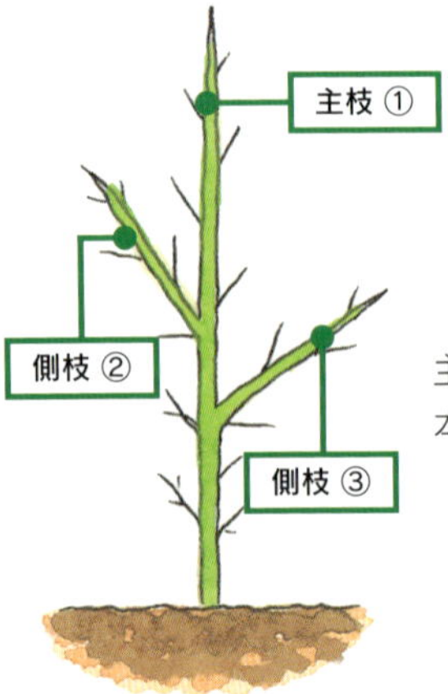
主枝 ①
側枝 ②
側枝 ③

主枝と側枝2本の3本仕立てにします

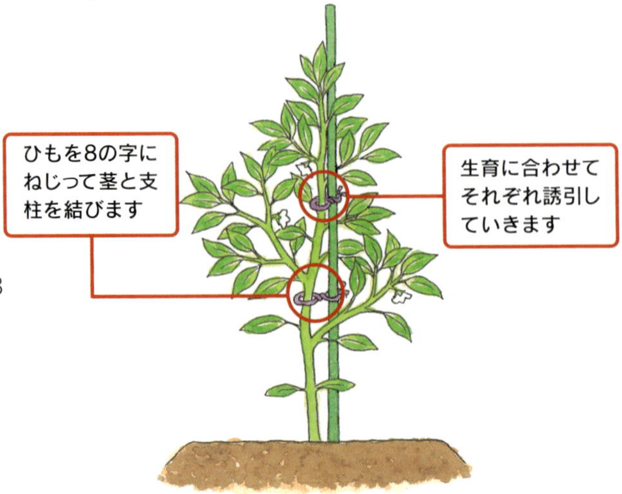
ひもを8の字にねじって茎と支柱を結びます
生育に合わせてそれぞれ誘引していきます

5 追肥

1か月に１～２回の追肥

１か月に１～２回、生育の様子を見ながら、化成肥料30ｇ/㎡を畝の肩のあたりに散布して軽く土寄せします。

収穫した実が辛い場合は、肥切れのおそれがあります。草勢を回復させるために追肥しましょう。

1 マルチをめくり、畝の肩に化成肥料を追肥します

2 追肥したら、軽く土を寄せをして、マルチを元に戻しておきます

6 収穫（植えつけから約30日後）

5～6cm大のものを収穫

シシトウは長さが5～6cmになったらへたを切って順に収穫しましょう。

トウガラシは、開花後60日程度で真っ赤に熟してきます。株ごと抜いて収穫し軒下などで乾燥させるか、赤く熟した果実をポキポキ摘み取って収穫します。また、葉トウガラシの場合は、２～３番果が４～５cmに出そろったところで株ごと引き抜き、葉を摘み取って佃煮などに利用します。

へたの部分を切って収穫します

コンテナで育てる

1 培養土（元肥入）を入れた直径30cmの鉢に1株を目安に植えつけ、仮支柱を立てます。
※低温に弱いので、気温が低い日は室内に入れましょう。

2 植えつけ後2週間程度で、仮支柱を本支柱に替えて誘引します。
※生育に合わせて誘引していきましょう。

3 追肥は2週間に1回のペースで、化成肥料を10g施しましょう。
※肥料が足りないと実が辛くなるので注意！

ウリ科

★★

ズッキーニ

育てやすく彩りもきれい 1株でも多く収穫できる西洋野菜

「ダイナー」「グリーントスカ」など

化成肥料を月に2回（30～50g/m^2）

土が乾いたらたっぷり水やり

ウドンコ病（ダコニール600倍を散布）
アブラムシ（発生したらすぐにDDVP乳剤1000倍を散布）

栽培のQ&A

Q　実が硬いのですが何が原因ですか

A　早めに収穫する

実が硬くなる原因はたいてい育ちすぎです。大きくなると皮も実も硬くなりますので、20cmぐらいで収穫するか、つぼみがついた15cmぐらいのサイズで収穫しましょう。

Q　あまり実がつきません。どうしたらいいのでしょうか？

A　人工授粉をする

あまりにも実がつかない場合には、茎の細い雄花を取り、雄しべを雌花の雌しべに軽くこすりつけます。雨に当たると効果がないので、天気のよい日に行いましょう。

栽培カレンダー	3月	4月	5月	6月	7月	8月	9月	10月	11月	12月	1月	2月
作業手順		種まき	種まき									
			植えつけ	植えつけ								
					収穫	収穫						
病害虫			害虫（アブラムシ）	害虫（アブラムシ）	害虫（アブラムシ）							

1 種まき・畑づくり

育苗日数は約20～30日

4月中旬～5月中旬頃に、12cm径のポットに2粒ずつ種をまきます。発芽して子葉が出た頃に、生育のよいものを残して間引きます。

植えつけ2週間前（苗の本葉2～3枚になったら）に石灰100g/m^2を全面散布してよく耕し、1週間前に堆肥2kg/m^2、化成肥料100g/m^2を散布します。

1 ポットに土を入れ、指で2か所くぼみをつけます

2 くぼみに種を一粒ずつ入れ、土をかぶせて軽くおさえ、水をやります

2 植えつけ・追肥

5月の連休以降に植えつける

晩霜の心配のない5月上旬以降、苗の本葉が4～5枚になったら、幅120cmの畝をつくってマルチをし、株間80～100cmで浅植えします。果実がついたら月に2回、化成肥料30～50g/m^2を追肥します。

水やりは、植えつけ後や乾燥が続くときにはたっぷりと与えます。

1 マルチに穴をあけ、水を注ぎます

2 苗を浅植えして水をやります

3 収穫（種まきから約80日後）

未熟果を若どりする

開花した後4～10日ほどで収穫適期を迎えます。収穫期間はおよそ1～2か月程度です。**長さ20～25cmぐらいになった未熟果を若どり**しましょう。

大きくしすぎると、実が硬くなってしまい、おいしくなくなるので、少し早いかなと思うぐらいでの収穫を心がけましょう。また、開きかけた蕾《つぼみ》を収穫すると花ズッキーニが楽しめます。

成功するコツ!

20～25cmの大きさの果実の根元を、ハサミで切って収穫します

コンテナで育てる

1 株がかなり広がるので、深さ30cm以上の大型コンテナに、本葉2～3枚の苗を1株植えつけます。

2 果実がついたら化成肥料10gを月に1回のペースで施しましょう。

イネ科

★★★

トウモロコシ

もぎたての甘みとおいしさは
家庭菜園で育てた人だけの特権

「ハニーバンダム」「ティガ」など

化成肥料を2回（30g/m^2）

土が乾いたらたっぷり水やり

アブラムシ、カメムシ、アワノメイガ（絹糸ができ始めたらパダン水和剤1000倍を散布）

栽培のQ&A

Q　小さいトウモロコシしかできません……

A　追肥をしっかり行う

品種によっては、肥料が少ないとうまく育ちません。元肥、追肥を適期に適量与えれば大丈夫でしょう。また、真ん中あたりにできた実を１つだけ残して、実が小さいうちに他の実は間引いてしまうと、大きくなります。

Q　実がつかない株があるのですがどうすればよいですか？

A　2列に植えつける

トウモロコシは株の先端の雄穂から落ちてきた花粉を、実の絹糸で受けて受粉します。一列に植えると風によってうまく受粉できない場合がありますから、少しでも受粉の確率を高めることがポイントです。

栽培カレンダー	3月	4月	5月	6月	7月	8月	9月	10月	11月	12月	1月	2月
作業手順		種まき	種まき		収穫							
病害虫			害虫（アブラムシ・アワノメイガ）	害虫（アブラムシ・アワノメイガ）	害虫（アブラムシ・アワノメイガ）							

① 畑作り

元肥《もとごえ》をたっぷりと

種まきの2週間前に石灰100g/m^2を散布してよく耕します。1週間前になったら、堆肥2kg/m^2、化成肥料100g/m^2を畑全面に散布し、土とよく混ぜます。

1条まきの場合は幅60cmに、2条まきの場合ならば75cmの幅で、高さ10cmの畝をつくります。トウモロコシは、先端に咲く雄花から花粉が落ち、実の先端の毛（雌しべ）に付着して受粉するため、**2条で育てたほうが受粉しやすく実入りがよくなります**。

1 種まき2週間前に石灰を散布して耕します。

2 1週間前に堆肥と化成肥料を散布して土と混ぜます

② 種まき

1か所に3粒のじかまき

じかまきの場合、4月下旬～5月下旬に種をまきます。

畝に株間30cmでくぼみを2列つくり、1か所に3粒ずつ種をじかまきします。次に、土を軽くかぶせて手でおさえ、たっぷりと水をやります。以降、土が乾いたらたっぷりと水をやります。

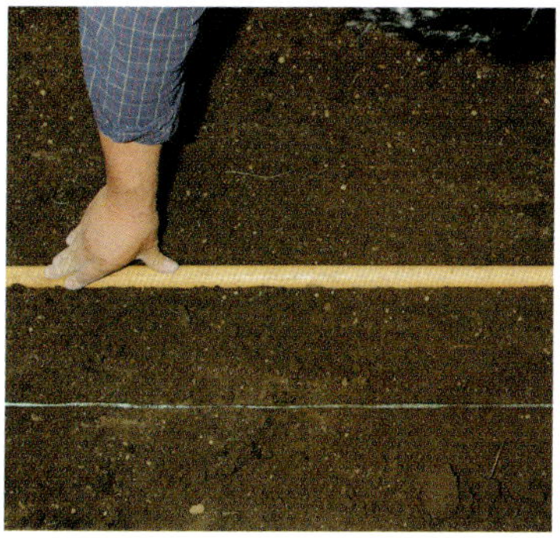

1 苗がきれいに並ぶように、畝に棒で溝をつけます

2 株間30cmでくぼみをつけて、3粒まきにします

3 軽く土をかぶせて上から手でおさえます

3 間引き（1回目）

草丈10cmで2本に間引く

発芽して草丈が10cmになったら最初の間引きを行います。

育ちのよい株を残して2本に間引きます。

間引き後は、株の根元に手で軽く土を寄せて、苗を安定させます。

1 草丈10cmの頃に、育ちの悪い苗を1本間引きます

2 間引き後に、株元に手で土を寄せます

4 間引き（2回目）

草丈20cmで1本に間引く

1回目の間引きから約10日後、草丈が20cm程度になったら2回目の間引きを行います。

なるべく育ちのよい株を残して、1本に間引きます。

1 草丈が20cmになったら、1本間引きます

2 種をまいた箇所につき1本にします

5 追肥・土寄せ

間引き後に追肥、土寄せ

2回目の間引き後に追肥を行います。株元に化成肥料30g/m^2を施して土寄せをします。

草丈が50cmぐらいになった頃（株元からわき芽が発生する頃）**に、同量の化成肥料を株元に追肥**し、株が倒れない程度の土寄せを行います。

成功するコツ

1 2回目の間引き後に化成肥料を追肥します

2 株元に軽く土を寄せます

3 2回目の土寄せは、しっかりと土を寄せます

6 収穫（種まきから約80〜85日後）

絹糸が色づいたら収穫

開花後約20〜25日が収穫の適期です。**実の先端の絹糸が褐色になったときが目安です。**実のつけ根を切り取って収穫します。収穫したその日のうちに食べることをおすすめします。

実が小さいうちは鳥に狙われることが多いので、株ごと鳥除けネットなどで覆うか、実の部分にネットをかけて防ぐとよいでしょう

成功するコツ

先端の絹糸が褐色になったものから収穫します

ナス科

★★★

トマト（ミニトマト）

育てる楽しさを教えてくれる
菜園一番人気のトマト

「おどりこ」「瑞光102」「招福」など

実がついたら2回の化成肥料（30g/m²）

極端に雨が少ないとき以外は不要

病気（Zボルドー400倍か、ダコニール1000倍を散布）
アブラムシ（DDVP1000倍か、エルサン1000倍を散布）

栽培のQ&A

Q 収穫する前に実が割れてしまいます

A 雨が当たらないようにする

着色したトマトは、水分を吸収しすぎると、果肉と果皮の生育にズレが生じて裂果することがあります。対処法は果実に雨があたらないようにするか、高畝にして排水をよくしてから植えつけます。

Q 実の先端が黒く変色してしまいます

A 石灰を散布してカルシウム補給

カルシウムが不足すると、花がついていた部分が黒くなり、収穫する頃にはへこんできます。植えつける前に石灰を施しておくことが大切です。また、窒素肥料が多いと石灰がうまく吸収できないので、施肥はバランスよく行いましょう。

栽培カレンダー	3月	4月	5月	6月	7月	8月	9月	10月	11月	12月	1月	2月
作業手順			植えつけ		収穫							
病害虫			病気（斑点細菌病・青枯病・ウイルス病）	害虫（アブラムシ・オンシツコナジラミ）								

1 苗選び

葉の色ツヤのよい苗を選ぶ

トマトづくりのポイントはいい苗を選ぶことです。節と節の間が短く、葉の色が濃くて厚みがあり、ツヤがよく、双葉のついている苗を選びましょう。

逆に葉が縮れていたり、葉の周囲がめくれているものは避けます。また、根が巻いてしまっているものは、植えつけてもまともに生長しません。ポットから出せる場合にはしっかりとチェックしましょう。

1 節間がなるべく詰まっている苗を選びます

2 つぎ木苗を選べば連作が可能です

3 根が巻いていない苗を選びます

2 土づくり・マルチング

根が深いのでしっかりと耕す

トマトの根は深さ1m、幅2～3m程度に伸びるので、深く耕すことと、水はけをよくすることを心がけましょう。カルシウム不足だと尻腐れ病になるので**植えつけ2～3週間前に石灰150 g /m^2を散布してよく耕します。**

1週間前に畑の中央に深さ30cmの溝を掘り、堆肥4kg/m^2、化成肥料100 g /m^2、ヨウリン50g/m^2を散布して溝を埋めます。幅120cm、高さ20cmの畝をつくり、マルチをして地温を上げておきます。

1 石灰を散布して耕し、中央に深さ30cm程度の溝を掘ります

2 溝に堆肥、化成肥料、ヨウリンを施して溝を埋めます

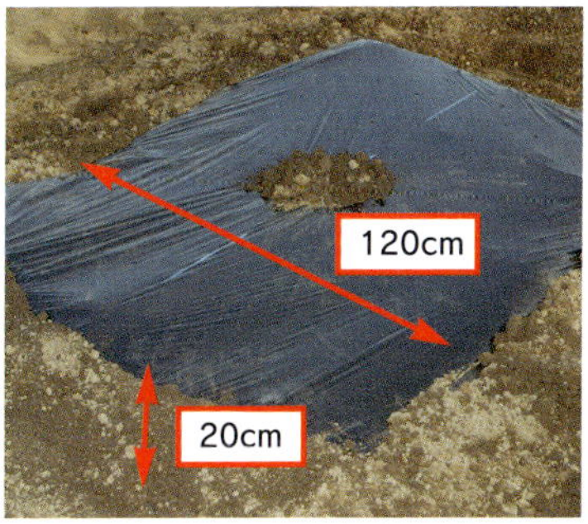

3 マルチを張り、中央に重しとして土（石）をのせます

3 植えつけ

花を通路側に植えつける

市販の苗を使い、晩霜の心配がなくなる頃(4月下旬〜5月上旬)に行います。市販苗はポットが9cm径と小さいので12cm径大のポットに移し、一番花が咲きはじめるまでポットで育てます。

マルチに株間約45cmの穴を2列あけ、深さ15cmほどの穴を掘ります。水をたっぷりと入れて水が引いたら苗を深めに植え、根元を手で軽くおさえます。このとき花房を通路側に向けると、管理や収穫が楽になります。

1 マルチに穴をあけ、土を掘って植え穴をつくり、水をたっぷり注ぎます。

2 苗の根元をおさえ、逆さにしてポットを外します

3 植え穴に苗を入れ、土をかぶせて根元を軽くおさえます

4 支柱立て・誘引

合掌式の支柱を立てる

植えつけ後に仮支柱を立てます。根づき生長を始め、草丈が50cmぐらいになったら本支柱を立てます。

各株のわきに支柱を斜めに刺し、上で交差させるように合掌式に組みます(P.29参照)。支柱が交差する高さをそろえて、交差したところに横に支柱をのせます。

各支柱が交差した箇所をひもで横に2回、縦に1回巻き、これを2回くり返してしっかりと結び、崩れないようにします。

1 各株の横に斜めに仮支柱を立てます

2 茎にひもをかけ、2〜3回ねじってあそびをつくり仮支柱に結びます

5 わき芽かき

わき芽はすべて摘み取る

苗が生長してくると葉のつけ根から盛んにわき芽が出てきます。トマトはこのわき芽をすべて摘み取り、主枝一本にのみ果実を実らせる１本仕立てで育てます。

わき芽を取ることで、果実が大きくなり、日当たりや風通しもよくなるため、病害虫も発生しにくくなります。

わき芽は生長が早いので、毎週1回のペースで摘み取りましょう。

主枝以外のわき芽を、手で折って摘み取ります

6 誘引

あそびを作って誘引する

開花後、花房のすぐ下のわき芽を摘み取った後は、茎と支柱をひもで軽く結んで誘引します。ただし、横に伸びている茎は、自然に上に伸びてくるので無理に起こして結ばないようにしましょう。

また、支柱に強く結ぶと、生長の妨げとなったり、風などで茎が折れてしまう場合があります。必ず茎と支柱との間にあそび（ゆとりを持たせる）をつくることが必要です。

1 支柱に近い茎に軽くかけ、数回ねじってあそびをつくります

2 あそびをつくったまま支柱に結びます

7 ホルモン処理

ホルモン剤で人工的に着実させる

第1花房は、実がならないつるぼけを防止するために、人工的に必ず着果させます。一般的にホルモン処理をする時期は低温期なので、トマトトーン（市販のホルモン剤）を水で100倍に薄めたものをスプレーで散布し着果を促します。

ホルモン処理を行う目安は、ひとつの花房に2～3個の花が開花したときに、花房全体にスプレーで散布します。ただし、二度がけは奇形の実ができる原因となるので、通常は1回だけにします。

1 花房に2～3個の花が咲いたら、ホルモン処理をします

2 花房全体に、トマトトーンをスプレーします

3 花つきがよい場合は、4～5花を残して残りを摘み取ってから散布します

8 追肥・土寄せ

月に1～2回追肥する

追肥は、一番下の花房に実がなり、ピンポン玉ぐらいの大きさになった頃と、下から3番目の第3花房に実がなり、大きくなった頃の２回を目安に行います。

その後は、株の生育状況を見ながら20日おきぐらいに追肥します。**肥料を与えすぎると実つきが悪くなります。**

施肥は化成肥料30g/m^{2}を、マルチをめくって通路にぱらぱらとまき、くわなどで軽く土を寄せて行います。

1 1段目の実がピンポン玉くらいの大きさになったら、追肥します

2 追肥をする場所のマルチをめくり、化成肥料をまいて軽く土を寄せます

9 摘心

支柱の高さで摘心

一般的には支柱の高さ（5〜6段くらいの高さ）まで成長したらそれ以上茎が伸びないように芯止めをします。あまり高く育てると作業が行いにくくなります。

最終花房（トマトの実）の上2枚の葉を残して、その上の茎をハサミで切って摘み取ります。摘心した後は、茎と支柱をひもで軽く結んで誘引します。

成功するコツ

支柱よりも高く伸びている茎をハサミで切り、摘心します

10 収穫（植えつけから約55〜60日後）

赤く熟したものから順次収穫

開花後45〜60日ほどで実が着色してきますので、真っ赤に完熟したトマトを収穫します。

赤く熟した順にはさみで切って収穫します。収穫が遅れると皮が破れたり、落ちてしまうので、こまめに収穫しましょう。

また、梅雨時期に実る1段目と、7月頃に実る最上段の実は食味が落ちます。中間に実ったものがおいしいといわれています。

1 果梗《かこう》の部分をはさみで切ります

2 ほかのトマトに刺さらないよう、果梗を根元まで切ります

コンテナで育てる

1 深さ30cm以上のコンテナに、苗を植えつけます（コンテナの縁から2cmぐらい下に土の表面がくるようにします）。
その後に仮支柱を立てて誘引します。

2 わき芽が出てきたらすべて摘み取り、根がしっかりと張ったら、2m程度の本支柱を立てます。

3 第一果がふくらんできたら化成肥料10gを追肥し、熟したら収穫します。収穫後、草丈が背丈ぐらいのところで摘心します。

ナス科

★★★

ナス

初夏から晩秋まで収穫可能
長い栽培期間が魅力

「黒帝」「千両2号」「大黒田」など

実がついたら2週間に1回の化成肥料（30g/m^2）

土が乾いたら水やり

アブラムシ（毎夕、葉に水をたっぷりかける、薬剤散布）
ヨトウムシ（マラソン剤か、DDVP1000倍を散布）

栽培のQ&A

Q 石のように硬いナスができてしまいます

A ホルモン剤の散布

水分、日照、肥料などの不足や低温により石ナスができることがあります。対策としては、開花直後にホルモン剤を散布したり、しっかりと整枝して日が遮られないようにしましょう。

Q 果実にツヤがなく、種が入ってしまいます

A 開花後約20日で収穫する

種を採取するために実を大きくしておくのはかまいませんが、大きくなるほど肉質は硬くなります。食用なら開花後20日前後の、少し小ぶりな大きさ（中長品種のもので10cm程度）の未熟果を収穫するとよいでしょう。

栽培カレンダー	3月	4月	5月	6月	7月	8月	9月	10月	11月	12月	1月	2月
作業手順			植えつけ			収穫						
病害虫					病気（ウドンコ病・半身萎凋病） 害虫（アブラムシ・ヨトウムシ）							

1 土づくり

深く耕し、元肥《もとごえ》を多めにする

堆肥などの有機物を多めに投入して、ふかふかの土をつくります。具体的には、植えつけ2〜3週間前に石灰150〜200g/m^2を全面に散布して深めに（30〜40cm）耕します。1週間前に深さ20〜30cmの溝を掘り、堆肥4kg/m^2、ナタネかす100g/m^2、化成肥料150g/m^2、ヨウリン60g/m^2を散布し、土を戻します。幅60cm、高さ20cmの畝（2条植えは畝幅120cm）をつくり、マルチングをします。

1 畑の中央に、くわで深さ20〜30cm程度の溝を掘ります

2 溝に堆肥、ナタネかす、化成肥料、ヨウリンを散布して溝を埋めます

3 幅60cm、高さ20cmの畝をつくり、マルチングして、中心に土をのせて重しをします

2 苗選び

つぎ木苗なら安心

ナスは種から苗に生長するまで長い期間がかかり、管理も難しいので、家庭菜園では園芸店などで苗を購入するのが一般的です。

苗は節間が詰まり、茎が太くがっしりした葉色の濃いものを選びます。肥切れした老化苗は活着が悪いので避けましょう。

やや高価になりますが、耐病性のある台木（アカナスなど）につぎ木した苗は連作障害にも強く、生育もよいのでおすすめです。

1 節間が詰まり、葉色のよいものを選びます

2 なるべくつぎ木苗を使用しましょう

3 植えつけ・誘引

根を崩さずに浅めに植えつけ

晩霜の心配がなくなる5月の連休頃に行います。株間は60cm（2条植えの場合は株間60cm×2列。米ナスの場合は株間90〜100cm）とします。マルチに穴をあけて植え穴を掘り、たっぷりと水を注ぎます。水が引いたらポットから外した苗を深めに植えつけ、根元を軽くおさえます。

植えつけたら苗のわきに長さ70cmの仮支柱を斜めに立て、誘引します。以降土の乾燥が激しい場合は水やりをします。

1 株間60cmで植えつけます

2 苗を植えつけ、仮支柱を斜めに立てます

3 株元から10cmぐらいのところをひもで支柱に結びます

4 仕立て

3本仕立てにする

植えつけ後、一番花のすぐ下のわき芽2つを残し、それより下のわき芽を摘んで整枝します。一般に主枝とその下の勢力の強い2本のわき芽との3本仕立て（P.64参照）にします。

わき芽が生長してきたら、交差するように本支柱をもう1本立ててひもで誘引します。

1 主枝の下2本のわき芽を残して、残りのわき芽を切ります

2 主枝とわき芽2本の3本仕立てにします

5 追肥

実がついてきたら追肥

実がつき出したら、2週間に1回化成肥料30g/m²を追肥します。その際マルチのすそをめくり、通路にまいて軽く土寄せをします。2回目は1回目より外側に、3回目はさらに外側に追肥します。

また、花の形から株の生育状態が判断できます。雄しべより雌しべのほうが長い状態がよく、ついで両方が同じ長さ、**雄しべのほうが長い場合や花が落ちるのは、肥料や水分が少ない状態です。**

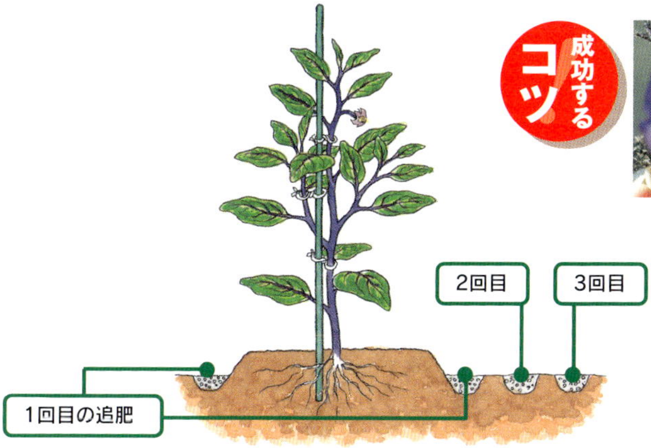
1回目の追肥
2回目
3回目

成功するコツ!

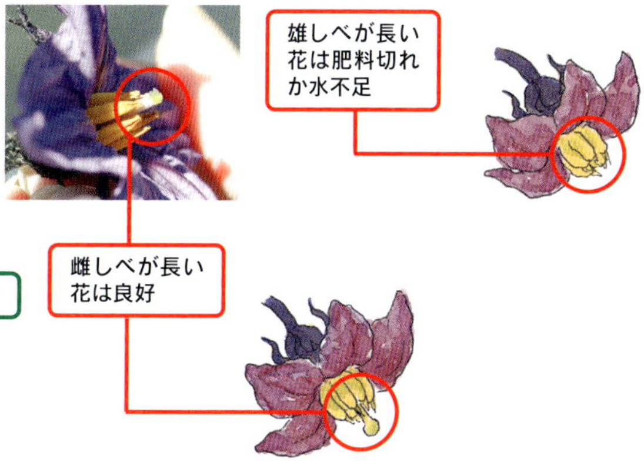
雄しべが長い花は肥料切れか水不足
雌しべが長い花は良好

6 収穫（植えつけから約30日後）・更新剪定《せんてい》（7月下旬～8月上旬）

早めの収穫を心がける

開花後20～25日の未熟果を収穫します。熟すと種が硬くなり肉質も低下するので、中長品種では10cmくらいから収穫します。

7月下旬頃になると、枝が混んで日当たりが悪くなり果実の品質が落ちてきます。この頃から8月上旬の間に、全体の1/3～1/2の枝を切り、秋ナスの収穫を目指します。

枝が混んできたら、はさみで1/3～1/2の長さに切り、全ての枝を切り、日当たりをよくします

コンテナ

1. 深さ30cm以上の大型コンテナに苗を植えつけ、70cmの仮支柱を立てて誘引します。
2. 蕾がついたら、主枝とその下の側枝2本の合計3本を残してわき芽を摘み取り、120cm程度の本支柱を立て誘引します。
3. 最初の実がついたら若いうちに収穫し、化成肥料10gを追肥して、以降2週間に1回追肥します。

ウリ科 ★★

ニガウリ【ゴーヤ】

ネットにツルを絡ませれば
日除けやガーデニング野菜にも

「にがにがくん」など

化成肥料を月に1～2回（30g/m²）

土が乾いたら水やり

アブラムシ（手で取り除く、被害がひどい時はDDVP乳剤1000倍を散布）

栽培のQ&A

Q 種をまいたのに発芽しません

A 種を一昼夜水に浸してからまく

ニガウリの種は発芽に時間がかかりますので、種を一昼夜水に浸してからまくようにしましょう（種の皮を傷つけて吸水させやすくするとなおよい）。また、温度が低いと発芽しにくいので、発芽するまでは20～30℃ぐらいの温度を保つように心がけましょう。

Q 実の一部がオレンジ色に変色して腐っているみたいですが、病気でしょうか？

A 熟した証拠です

ニガウリは緑色の未熟果を収穫する野菜です。放っておくと熟して種の周囲が赤いゼリー状に変わり、甘くなります。病気ではありませんが、早めに収穫するようにしましょう。

栽培カレンダー	3月	4月	5月	6月	7月	8月	9月	10月	11月	12月	1月	2月
作業手順		種まき	種まき									
			植えつけ	植えつけ								
					収穫	収穫	収穫					
病害虫						特に心配ありません						

1 種まき・植えつけ

ポットに2粒まきで育苗

9cm径ポットに種を2粒まき、覆土は1cmでたっぷりと水やりします。本葉1枚で1本に間引き、本葉4～5枚で植えつけます。植えつけ2週間前に石灰100g/m^2、1週間前に堆肥2kg/m^2、化成肥料100g/m^{2}を散布してよく耕します。幅120cm、高さ15cmの畝に株間40～50cmで植えつけます。

1 ポットに腐葉土を入れ、くぼみを2か所つくります

2 くぼみに種を1粒ずつまきます

2 支柱立て・追肥

1か月に1～2回の追肥

ニガウリはつる性なので早めに支柱を立てて誘引します。合掌式（P.29参照）で支柱を立て（1条植えの場合はネットなどに誘引します）、つるをひもで軽く結んで誘引します。

果実が生長してきたら1か月に1～2回、化成肥料30g/m^{2}を株の周りに施します。

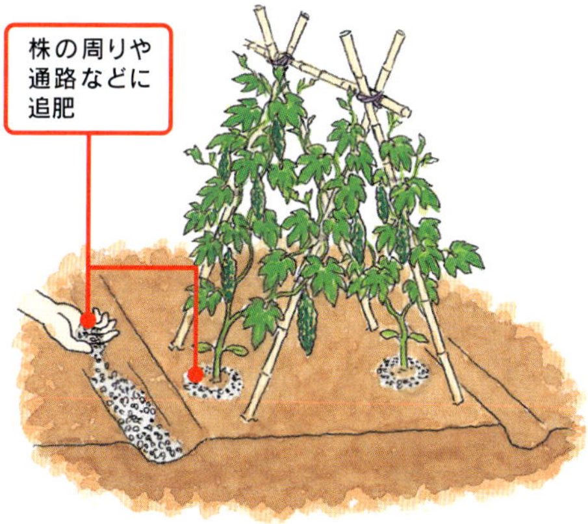

3 収穫（種まきから約90～100日後）

未熟果と熟果どちらもおいしい

品種にもよりますが、**中長品種で15～20cm、長品種で25～30cmを目安に未熟果を収穫します。**

未熟なうちは苦いのですが、熟してくるとタネのまわりが赤いゼリー状に変わり、アケビと同じように甘くなります。

へたの部分をハサミで切って収穫します

コンテナで育てる

1 本葉4～5枚の苗を、深さ30cm以上の大型コンテナに植えつけます。

2 つるの伸びが旺盛なのでネットやフェンスなどに誘引し、つるや葉が混んできたら、重なっている葉やつるを整理します。

3 果実がついたら、化成肥料10gを月に1回のペースで施しましょう。

ナス科

★★

ピーマン（パプリカ）

初夏から秋まで長く収穫できる
菜園でも定番の野菜

「京みどり」「翠玉2号」など

一番果の収穫後に追肥、以降2週間に1回の化成肥料（30g/m²）

梅雨明け以降は土が乾いたら水やり

モザイク病、黄化えそ病（アブラムシを駆除）
アブラムシ（マラソン乳剤の散布）
ハダニ（アカール1000倍を散布）

栽培のQ&A

Q 植えつけてしばらくたつのになかなか育ちません……

A マルチングをして地温を上げる

ピーマンは果菜類の中でも高温性なので、温度が低いとうまく育ちません。根を切らないように株まわりの土をやわらかくして空気を含ませ、株のまわりにポリマルチをして昼間に地温を高めるとよいでしょう。

Q 花が落ちてしまうのは病気ですか？

A 追肥して果実を若どりする

ピーマンは、開花して着果する割合は半分ぐらいです。花が落ちても問題はありません。実をとらないでおくと株が疲れて花が落ちやすいので、実を若どりして株の負担を少なくし、株まわりに追肥しましょう。

栽培カレンダー	3月	4月	5月	6月	7月	8月	9月	10月	11月	12月	1月	2月
作業手順			植えつけ	収穫								
病害虫				病気（モザイク病・黄化えそ病）								
				害虫（アブラムシ・ハダニ）								

1 畑づくり

元肥《もとごえ》をたっぷりと施す

ピーマンは通気性のよい土を好みますので、堆肥などの有機物を多く施した畑づくりをします。

植えつけ2〜3週間前に石灰100g/m^2を全面に散布し、土をよく耕します。

植えつけ1〜2週間前に堆肥3kg/m^2、ナタネかす100〜200g/m^2、化成肥料150〜200g/m^2、ヨウリン60g/m^2を畑全面に散布して深く耕します。

また、肥料は半量を全面に施し、残りを溝に施す方法でもよいでしょう。

1 畑全体に石灰を散布してよく耕します

2 堆肥、ナタネかす、化成肥料、ヨウリンを全面に散布してよく耕します

3 畑の半分にくわで溝を掘り、そこに肥料の半量を施してもよいでしょう

2 畝づくり

広めの畝で2条植えにする

植えつけ前に、畝幅120cm、高さ20cmの平畝をつくります。畝の長さは植える株の数量に合わせて決めましょう。1条植えの場合は、畝幅60cmにします。

また、**あらかじめポリマルチをして地温を上げると、活着しやすく生育も良好です。**

1 畝幅に合わせてひもを張り、ひもの外側の土を、くわでひもの内側に入れます

2 20cm程度の高さになったら、畑の表面をレーキなどできれいにならします

3 マルチをはり、中央の2か所ぐらいに土をのせて重しをします

3 植えつけ・誘引

苗は浅く植えつける

低温に弱いため、5月上旬から中旬頃に植えつけます。市販の苗（本葉7～9枚ほどで節間の詰まった大きめの苗）を購入し、株間45～50cmの2条植えとします。

マルチに穴をあけて植え穴を掘り、たっぷりと水を注ぎ、水が引いたらポットから外した苗を植えつけます。

植えつけ後、仮支柱を立ててひもで軽く結んで誘引します。

1 畝に株間45～50cm、条間60cmで苗をおきます

2 苗を植えつけ、株のわきに仮支柱を垂直に立てます

3 株元から10cmぐらいのところをひもで仮支柱に結びます

4 仕立て・整枝・誘引

一番果がついたら3本仕立てに

植えつけから2～3週間後、一番果が着果し発育してくると分枝が伸びてくるので、シシトウ（P.64参照）と同様3本仕立てにして、それ以外の分枝はすべて摘み取ります。

その際に株わきに本支柱を立て、しっかりと誘引して倒伏や枝が折れるのを防ぎます。

また生育とともに、枝が混んできたら重なった枝などをこまめに剪定しましょう。

1 不要な枝をはさみで切り取ります

2 小さなわき芽などは手で摘み取ります

3 本枝の下部にある余分な枝を剪定して日当たりをよくします

5 追肥・土寄せ

一番果を収穫したら追肥

一番果を収穫したら、第1回目の追肥をします。1回あたり化成肥料30g/m²（あるいはナタネかす60g/m²）を畝の肩に施し、土寄せします（マルチングをしている場合はマルチをめくって行う）。

2回目以降の追肥・土寄せは、2週間に1回の割合で施します。

1 最初の果実ができたら、1回目の追肥をし、土寄せをします

2 追肥をする際は、マルチをめくって畝の肩に追肥をします

6 収穫（植えつけから約30日後）

早めの収穫を心がける

開花してから収穫までの日数はおよそ15～20日です。実が多い場合は早めの収穫を心がけましょう。**実らせたままにしておくと、大きくなりますが、株が弱ってしまいます。**また、収穫が遅れると、果皮が硬くなり色も悪くなります。

完熟果やパプリカ（大果種）の場合は、開花からおよそ60日前後で収穫できます。

成功するコツ

枝が折れやすいので必ずハサミで収穫します

コンテナで育てる

1. 深さ30cm以上の大きめのコンテナに、苗を植えつけます。風で倒れないように仮支柱を立て誘引します。
2. 最初のつぼみが着いたら、主枝とその下2本のわき芽を残して他を摘み取り、3本仕立てにします。その頃に仮支柱を本支柱に替え、生育に合わせて誘引します。
3. 最初に実がついたら若いうちに収穫し、化成肥料10gを追肥し、以降2週間に1回追肥します。

★★★

キャベツ

中級者向けのキャベツ
最初は夏まきがオススメ

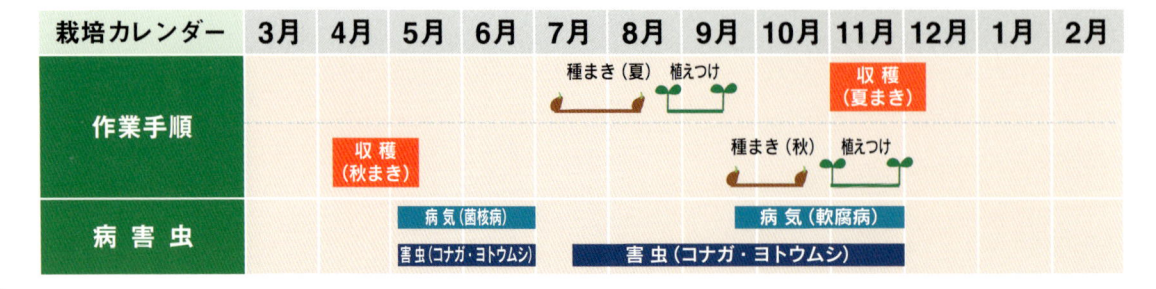

「金系201号」「つまみどり」など

本葉10枚で化成肥料を追肥（30g/m²）

土が乾いたらたっぷり水やり

菌核病（トップジンMを散布）
ヨトウムシ、アオムシ、コナガ（取り除くか、BT剤を散布）
アブラムシ（マラソン乳剤の散布）

栽培のQ&A

Q 株が倒れてしまいます

A しっかりと土寄せする

本葉が増えてくると、風などで株が倒れることがあります。下葉に土がかぶらない程度で、多めに土を寄せて株を安定させましょう。また、植えつけ直後の朝に、ネキリムシに地ぎわの茎を食いちぎられることもありますので、土の中にいるネキリムシを取り除きましょう。

Q 冬を越したキャベツが収穫期にとう立ちしてしまいました

A 種まき時期を遅らせる

冬を迎えるまでに本葉が10枚ぐらいに育ってしまうと、花芽ができてとう立ちしてしまいます。種をまく時期を遅らせるか、とう立ちしにくい品種（金系201など）を選びましょう。

栽培カレンダー	3月	4月	5月	6月	7月	8月	9月	10月	11月	12月	1月	2月
作業手順					種まき（夏）		植えつけ		収穫（夏まき）			
		収穫（秋まき）						種まき（秋）	植えつけ			
病害虫			病気（菌核病）					病気（軟腐病）				
			害虫（コナガ・ヨトウムシ）		害虫（コナガ・ヨトウムシ）							

1 種まき・苗づくり

ポットまきで育苗

苗数の少ない家庭菜園では、ポットまきで育苗します。9cm径ポットに培養土を入れ、種を5～6粒まきます。

芽が出たら3本に間引き、本葉2枚で2本、本葉3～4枚で1本に間引きます。本葉5～6枚になったら植えつけ適期です。

1 指で5～6か所くぼみをつくります

2 くぼみに1粒ずつ種をまき、土をかぶせます

2 畑づくり

元肥《もとごえ》をたっぷりと施す

アブラナ科の連作を避けて畑づくりをします。植えつけの2週間前に、石灰100g/m^2を散布して耕します。

1週間前に、畝幅60cmとして、堆肥2kg/m^2、化成肥料100g/m^2を散布して、土とよく混ぜます。

幅60cmの畝をつくり、表面をレーキなどで平らに整えます。

1 畑に石灰を全面散布し、よく耕します

2 堆肥、化成肥料を散布して、土とよく混ぜます

3 幅60cmの畝をつくり、平らにならします

③ 植えつけ

株間40cmで植えつけ

畝に株間40cmとして、苗よりも深めに穴を掘ります。植え穴にたっぷりと水を注ぎ、水が引いたら、ポットから苗を外し、穴に苗を深めに植えつけ、苗の根元を手で軽くおさえます。

植えつけ後は、たっぷりと水をやり、以降土が乾いたらたっぷりと水をやります。

1 株間40cmに植え穴を掘ります

2 植え穴に苗を植えつけ、根元を手で軽くおさえます

3 たっぷりと水をやります

④ 追肥・土寄せ（1回目）

本葉10枚で最初の追肥

夏まきの場合、植えつけ後本葉が10枚ぐらいになったら最初の追肥を行います。秋まきの場合は、2月下旬から3月上旬に行います。

畝と畝の間や株間に化成肥料30g/m^2を施します。

追肥の後は、下葉に土がかからないように株元に土寄せをします。

1 畝間や株間に化成肥料を施します

2 くわで株元に土を寄せます

3 下葉に土がかぶらない程度にしっかりと土を寄せます

5 追肥・土寄せ（2回目）

結球したら２回目の追肥

2回目の追肥は、夏まきの場合は最初に追肥してから約20日後に行います。秋まきの場合は、生育がよすぎると春にとう立ちしやすくなるので、結球がはじまる頃に行います。

1回目と同量の化成肥料（30g/m²）を畝間に施し、土寄せをします。また、**根に新しい酸素を送るためにも、しっかりと土寄せをする**とよいでしょう。

1 畝間に化成肥料を施します

2 くわで株元にしっかりと土を寄せます

3 秋まきでは、結球がはじまった頃に追肥します

6 収穫（種まきから約90～100日後）

かたく締まってきたら収穫

葉が結球して肥大し、手で押してみてかたく締まっていれば収穫適期です。

外葉を下におさえつけ、結球部分の根元をナイフで切って収穫します。

収穫後の残った外葉は、きれいに片づけましょう。

1 外葉を下におさえつけます

2 外葉を少し残して、結球の根元をナイフで切ります

コンテナで育てる

1 本葉が5～6枚ぐらいになったミニキャベツの苗を、深さ30cm以上の大きめのコンテナに植えつけます。2株植える場合は、株間を40cmぐらい離して植えます。植えつけ後、たっぷり水をやり、日当たりのよい場所で育てます。

2 本葉が10～15枚になったら、化成肥料10gを株元に施して、株元に軽く土を寄せておきます。葉が巻き始めたら同量の追肥をして、新しい土を株元に追加して土寄せします。

3 結球部分が直径15cmぐらいになったら収穫します。

アブラナ科

キョウナ
【ミズナ】

肥切れ、水切れが大敵
小株栽培の品種が育てやすい

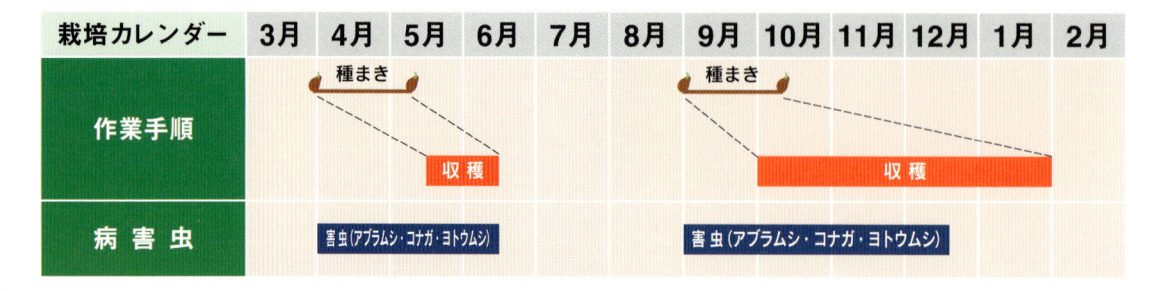

「千筋京菜」「緑扇2号」（大株）
「のってる菜」「シャキさら」（小株）など

間引き時に化成肥料を追肥（30g/m²）

土が乾かないようにこまめに水やり

ウイルス病（アブラムシの徹底駆除）
コナガ、ヨトウムシ（手で取り除くか、BT剤を散布）
アブラムシ（マラソン乳剤の散布）

栽培のQ&A

Q 何となく株に元気がありません

A 水やりをしっかりする

みずみずしい葉をたくさん伸ばすキョウナは、それだけ多くの水分が必要です。こまめに水と肥料を与えて、適度な水分と栄養を保つことが大切です。

Q 緑色の葉が黄色くなってしまいます

A 寒冷紗をかける

冬の寒さで葉が黄色く変色することがあります。その場合は、寒冷紗をかけて霜よけをするだけでかなり改善できます。

栽培カレンダー	3月	4月	5月	6月	7月	8月	9月	10月	11月	12月	1月	2月
作業手順		種まき		収穫			種まき	収穫				
病害虫		害虫（アブラムシ・コナガ・ヨトウムシ）					害虫（アブラムシ・コナガ・ヨトウムシ）					

1 種まき

土が乾かないようにこまめに水やり

種まき2週間前に苦土《くど》石灰150g/m^2を散布してよく耕します。1週間前に堆肥2kg/m^2、化成肥料100g/m^2を全面に散布して土に混ぜ込み、幅60cmの畝をつくります。

小株どりは条間20～30cmで2列のすじまきにします（大株どりは株間30cmで1か所7～8粒の点まき）。以降、**土が乾かないように水をやります。**

1 畝に棒などで溝をつけ、種をまきます

2 軽く土をかぶせ、たっぷりと水をやります

2 間引き・追肥・土寄せ

本葉3～4枚で最初の間引き

小株どりは、発芽して本葉が3～4枚になるまでに株間5～6cmに間引きます。**間引き後は化成肥料30g/m^2を追肥して土寄せします。**大株どりは、本葉1～2枚で3本にし、本葉3～4枚で2本に、本葉6～7枚で1本に間引きます。追肥は化成肥料30g/m^2を2～3回、株間に施し軽く土寄せします。寒さが厳しいと葉が黄色くなるので、寒冷紗などで霜よけをしましょう。

1 株間が5～6cmになるように間引きます

2 化成肥料を株元に施し、軽く土を寄せます

3 収穫（種まきから約30～40日後）

草丈25cmぐらいで収穫

小株どりでは、草丈が25cm程度に生長したら、株の根元を切って収穫します。

大株どりは、12～1月にかけて大きく張り出してきた株から収穫します。

株元を切って収穫します

コンテナで育てる

1 小株用の品種を選び、深さ15cm以上のコンテナに種をすじまきします。（2条植えの場合は条間を10～15cmあける）

2 発芽後、3cm間隔に間引き、草丈8～10cmで化成肥料10gを追肥して土寄せします。草丈20～25cmで間引きを兼ねて収穫し、同量の追肥をします。草丈35cmぐらいですべての株を収穫します。

★

コマツナ

小さなスペースでも育てられる
菜園の有効活用に最適な葉菜

「みすぎ」「よかった菜」
「楽天」「裕次郎」など

間引き時に化成肥料を追肥（30g/m^2）

土が乾いてきたら水やり

アブラムシ、アオムシ、コナガ（寒冷紗で防除）

栽培の Q&A

Q　夕方になると葉がしおれてしまいます……

A　連作を避ける

コマツナは比較的連作に強い野菜ですが、夕方になると葉がしおれたり、株を引き抜いてみて根に大きなコブができていたら根コブ病が原因です。症状が出たら株を取り除き、すぐに連作をやめましょう。

Q　ほとんどの葉が虫に食われてしまいます

A　薬剤散布による駆除

コマツナは夏場の害虫に狙われやすい野菜ですから、寒冷紗やべたがけ資材などで害虫防除をするとよいでしょう。それでもだめな場合はBT剤を散布して駆除します。また、冬場なら害虫もほとんど発生しないので、栽培時期を検討してみるのもよいでしょう。

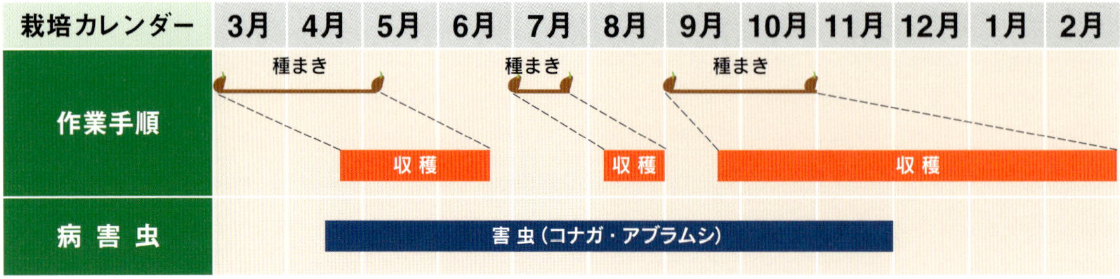
栽培カレンダー
3月
4月
5月
6月
7月
8月
9月
10月
11月
12月
1月
2月
作業手順
種まき
種まき
種まき
収穫
収穫
収穫
病害虫
害虫（コナガ・アブラムシ）

1 畑づくり

元肥《もとごえ》はしっかり施す

種まきの2週間前に、苦《く》土《ど》石灰100～150g/m^2を畑全面に散布してよく耕します。

種まきの1週間前に、化成肥料100g/m^2と、堆肥2kg/m^2を散布して土とよく混ぜ、レーキなどで表面を平らにします。

1 苦土石灰を全面に散布して耕します

2 化成肥料と堆肥を施します

3 肥料を土によく混ぜ込みます

2 畝づくり

高さ10cmの畝をつくる

条間20cmの2列まきにするので、幅60cm程度の畝をつくります。

畑の大きさに合わせて、両側にひもを2本張り、ひもの外側の土をひもの内側に盛っていきます。

10cmぐらいの高さになったら表面をレーキなどで平らにし、ひもを外します。

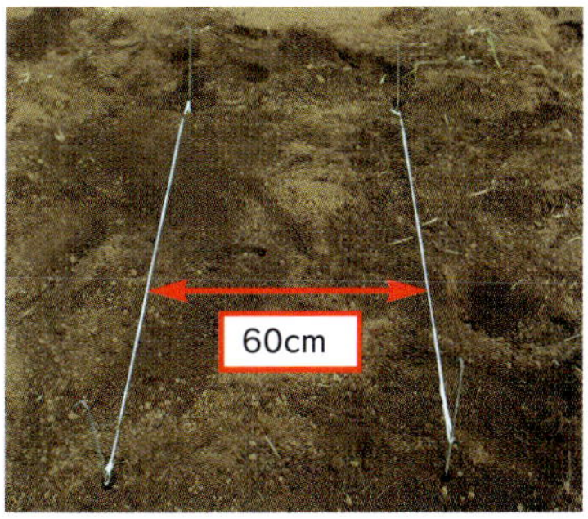

1 畝幅と畑の長さに合わせてひもを2本張ります

2 畑の内側に土を盛るように、ひもの外側の土を内側に盛ります

3 高さ10cmの畝をつくり、表面をきれいにしたら、ひもを外します

③ 種まき

すじまきすれば管理しやすい

種まきの時期は、3月上旬から10月下旬までならいつでも可能ですが、暑くなってくると害虫が発生しやすくなるので、つくりやすい時期を選んで種をまきましょう。

畝に棒などで条間20cmになるように2列の溝をつけ、そこに種が重ならないようにすじまきします。土をかぶせて軽くおさえ、たっぷりと水やりします。

以降、発芽するまでは乾かさないように水をやり、発芽後は乾いてきたらたっぷりと水を与えます（もみがらをまいておくと乾燥を防いで発芽しやすくなります）。

1 畝に条間20cmの溝をつけます

2 重ならないように種をまきます

3 土をかぶせて軽くおさえます

④ べたがけ

低温期にはべたがけする

晩秋から冬にかけての栽培では、気温の低い時期に、べたがけをして被覆すると、発芽が早まります。

べたがけは、マルチングと同じように周囲に土を盛って固定します。発芽したらべたがけを外すとよいでしょう。

1 畑より少し広いべたがけ資材を広げます

2 マルチングと同じように、周囲に土を盛って固定します

3 べたがけの上から水をやります

5 間引き・追肥

草丈7～8cmで株間5～6cmに間引き

種まき後、3～4日で発芽してくるので、本葉が1～2枚になったら、3～4cm間隔に間引きます。

草丈が7～8cmになったら5～6cm間隔に間引きます。

間引き後は、それぞれ化成肥料30g/m^2を追肥し、軽く土寄せします。

また、間引いたものは、間引き菜としてサラダやみそ汁の具などに利用できます。

1 本葉が1～2枚になったら、育ちの悪い苗を間引きます

2 苗の根元に手で軽く土を寄せ、苗を安定させます

3 7～8cmになったら、株間5～6cmに間引き、追肥、土寄せをします

6 収穫（種まきから約30～40日後）

草丈20～25cmになったら収穫する

草丈が20～25cm程度になったものから収穫します。

比較的生長が早い野菜です。大きくしすぎると品質が落ちてしまうので、注意しましょう。

20～25cmになったら、株の根元を切って収穫します

コンテナで育てる

1 深さ15cm以上のコンテナに、10～15cmほど間隔をあけて、種を2条のすじまきにします。種は重ならないように1cm間隔でまきます。

2 種まき後、薄く土をかぶせて手のひらで軽く土をおさえ、たっぷりと水をやります。

3 発芽後、3cm間隔に間引き、1週間後に化成肥料10gを追肥して土寄せします。3週間後にさらに追肥・土寄せし、葉が20cmぐらいの長さになったら収穫します。

キク科

★

シュンギク

春と秋に育てられる
家庭菜園の入門に最適な野菜

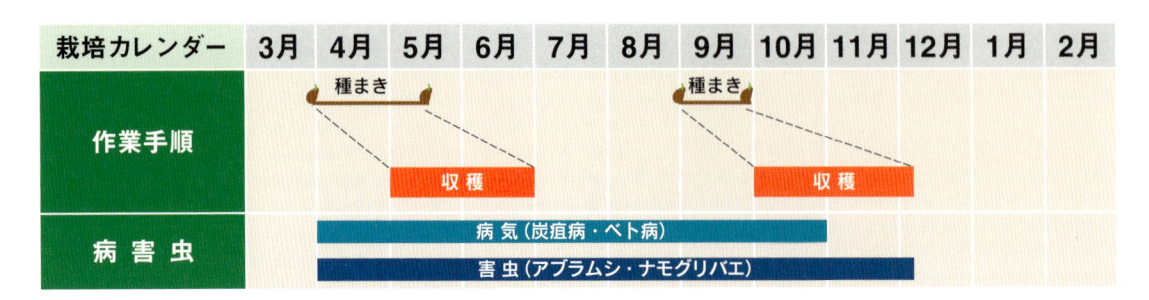

「さとゆたか」「さとあきら」
「きわめ中葉春菊」「菊次郎」など

2、3回目の間引き時に化成肥料を追肥（30g/m^2）

土が乾いてきたら水やり

アブラムシ（葉の裏側を見て手で取り除く）
ナモグリバエ（マラソン乳剤を散布）

栽培のQ&A

Q 種の数の割に発芽が悪いのですが……

A 畝の表面を平らにして覆土を薄く

シュンギクは発芽する際に光が必要なので、種まき後に多めに土を被せると、発芽しにくくなります。また、畝の表面に凸凹があると、均一に土を被せても、種の深さが変わってしまい、発芽がそろわなくなるので注意しましょう。

Q 育ちが悪いのですが

A 石灰で土壌を中和しましょう

シュンギクは育てやすい野菜ですが、酸性土壌だと株の育ちが悪くなる傾向があります。対策としては、畑全体に石灰を散布し直して、土壌を中和する方法があります。その後2週間くらいたったら、もう一度種をまいてみましょう。

栽培カレンダー	3月	4月	5月	6月	7月	8月	9月	10月	11月	12月	1月	2月
作業手順		種まき	収穫	収穫			種まき	収穫	収穫			
病害虫		病気（炭疽病・ベト病）	病気（炭疽病・ベト病）	病気（炭疽病・ベト病）	病気（炭疽病・ベト病）	病気（炭疽病・ベト病）	病気（炭疽病・ベト病）	病気（炭疽病・ベト病）				
		害虫（アブラムシ・ナモグリバエ）	害虫（アブラムシ・ナモグリバエ）	害虫（アブラムシ・ナモグリバエ）	害虫（アブラムシ・ナモグリバエ）	害虫（アブラムシ・ナモグリバエ）	害虫（アブラムシ・ナモグリバエ）	害虫（アブラムシ・ナモグリバエ）	害虫（アブラムシ・ナモグリバエ）			

1 畑づくり

石灰を散布して土壌を中和にする

種まきの2週間前に、石灰150g/m^2を、全体に散布して20cmぐらいの深さに耕します。

種まきの1週間前に、**幅60cmとして中央に深さ15cmの溝を掘り**、堆肥2kg/m^2、化成肥料100g/m^2を施します。土を戻して高さ10cmの畝をつくり表面を平らに整えます。

1 畝の中央に深さ15cmの溝を掘ります

2 溝に堆肥、化成肥料を施します

3 土を戻して溝を埋め、表面を平らに整えます

2 種まき

春か秋に種まきすると育てやすい

4〜5月や9月の露地適期まきならば、もっとも楽につくることができます。しかし、6〜8月の夏まきでは高温で生育が悪く、病害も発生しやすいので、難しくなります。

畝に20〜30cmの間隔をあけて2列にすじまきします。シュンギクの種は、**発芽に光を必要とするので、覆土はうすくします**。種まき後には水をたっぷりとやります。

1 畝に棒で溝をつけます

2 土を薄くかぶせて、くわなどで表面を軽くおさえます

3 たっぷりと水をやります

★★★

セロリ

香りと味が違う自家菜園のセロリ
ミニ品種なら初心者でも育てやすい

「コーネル619号」「トップセラー」など

化成肥料を1か月に1回追肥（30g/m^2）

土が乾かないようにこまめに水やり

葉枯病（ビスダイセン水和剤400倍を散布）
黒色心腐れ（塩化カルシウム200倍を1週間おきに散布）
アブラムシ（DDVP乳剤1000倍を散布）

栽培のQ&A

Q　葉柄が白くならないのですが

A　遮光をしないと白くなりません

市販のセロリの茎が白っぽいのは、軟白栽培といって、日に当てないように育てるからです。遮光することで、株が広がらず真っすぐ育てることもできます。遮光しなくてもおいしいので、好みの方法で栽培してください。

Q　あまり大きくなりません……

A　こまめな水やりとマルチをしてみる

セロリは乾燥や低温に弱いので、特に夏の間は朝夕の水やりを欠かさないことと、畝にマルチをかけて地温を高めるようにしましょう。また、肥切れにも注意して、育ちが悪いようなら、15〜20日に1回追肥するなど、追肥の間隔を短くしてみましょう。

栽培カレンダー	3月	4月	5月	6月	7月	8月	9月	10月	11月	12月	1月	2月
作業手順					植えつけ			収穫	収穫			
病害虫					害虫（アブラムシ）	害虫（アブラムシ）	病気（ウイルス病・葉枯病）／害虫（アブラムシ）	病気（ウイルス病・葉枯病）／害虫（アブラムシ）	病気（ウイルス病・葉枯病）			

1 土づくり

元肥《もとごえ》はたっぷりと施す

植えつけ2週間前に、石灰150～200g/m^2を畑全面に散布してよく耕します。1週間前に堆肥4～5kg/m^2、化成肥料150g/m^2を散布し、土とよく混ぜます。

植えつけ前に幅80～100cm、高さ20cmの畝（1条植えの場合は畝幅60cm）をつくります。

1 石灰を散布して耕した畑に、堆肥と化成肥料を施してよく耕します

2 幅約80cm、高さ20cmの畝をつくります

2 植えつけ

気温の高くなる7月に植えつける

植えつけは7月頃に行います。本葉が6～7枚で、葉や茎にハリのあるものを購入します。株間は25～30cm、条間を45cmで穴を掘り、水をたっぷりと入れ、水が引いたら苗を浅めに植え、株の根元を両手で軽くおさえます。

植えつけ終わったらたっぷりと水をやり、それ以降は**土が乾かないようこまめに水をやります**。

1 ハリのある元気な苗を選びます

2 株間25～30cm、条間45cmで、鉢根より浅めの穴を掘り、たっぷりと水を入れます

3 水が引いたら苗を穴に入れ、軽く土を寄せて株元を軽くおさえます

3 敷きわら

敷きわらで乾燥を防止

乾燥と土のはね上がりを防ぐために、敷きわらをします。

また、特に雑草の多い畑の場合は黒マルチをするとよいのですが、地温が高くなりすぎないように、マルチの上にさらに敷きわらをすると効果的です。

1 条間にたっぷりとわらを入れます

2 両側にも同じようにわらを入れます

4 追肥

最初に1回、後は30日おきに追肥

セロリの追肥は、2〜3回に分けて行います。1回目は、植えつけ後20日後に行い、2〜3回目は30日おきに、株の根元か株間に化成肥料を施します。

1回に施す化成肥料の分量は、約30g/m^{2}とします。

1 追肥は、敷きわらのすき間の株間に行います

2 化成肥料を追肥します

5 軟白

光を当てずにやわらかく育てる

市販のセロリのように、茎を白くしたい場合には、光を当てない軟白栽培を行います。光を当てないことで、やわらかくまっすぐに育てることができます。

具体的には、**20〜30cmぐらいの大きさになったら、株全体を水濡れに強い厚手の紙や段ボールなどで覆って栽培します。**

1 株全体を厚手の紙などですっぽりと覆います

2 上下2か所ぐらいをひもでやさしく結びます

6 収穫（植えつけから約80〜90日後）

ほどよい大きさで株ごと収穫

セロリの収穫期は、植えつけ後約80〜90日です。一般的には、第一節の長さが20cm以上になったものが収穫適期ですが、20cmぐらい小ぶりのセロリを収穫しても、やわらかくておいしくいただけます。

ただし、収穫が遅れるとす入りの原因となるので注意しましょう。

1 紙を外し、茎と葉をおさえ、株元をナイフで切ります

2 軟白させると白くまっすぐ育ち、させないと緑色で横に広がります

コンテナで育てる

1 コンテナでセロリを育てる場合、ミニセロリやスープセロリなどが育てやすいでしょう。植えつけは、深さ20cm以上のコンテナに、25〜30cmほど間隔をあけて、本葉6〜7枚の苗を浅めに植えつけ、たっぷりと水をやります。

2 土が乾かないように注意しながら、約20日後に化成肥料10gを追肥し、以降20〜30日おきに株元か株間に同量の化成肥料を追肥します。

3 節（茎）の長さが20cmぐらいが収穫摘期ですが、コンテナ栽培なら草丈20cmぐらいのミニセロリで収穫するのもオススメです。

※軟白させたい場合は、上記を参照のこと。

ユリ科

★★★

タマネギ

**初心者には難しいが
野菜づくりのレベルアップに最適**

「ソニック」「OK」「湘南レッド」など

2月～3月に化成肥料（30g/m^2）を2回追肥

土が乾燥したら水やり

ベト病（湿気に注意、ダコニール水和剤を散布）
アブラムシ、タネバエ（植え溝にオルトラン粒剤をまく）

栽培のQ&A

Q　植えつけた苗が育たず枯れてしまいます……

A　タネバエを駆除

秋に植えつけた苗の生育が悪くなり、枯れてしまうことがありますが、タネバエが原因です。このような苗が出たら、株ごとすぐに引き抜いて処分し、オルトラン粒剤を植え溝にまいて駆除しましょう。

Q　収穫する前にネギ坊主になってしまいます

A　太さ7～8mmの苗を選ぶ

タマネギは苗選びが重要なポイントです。苗の根元の幅が1cm以上ある大苗を植えるととう立ちしやすく、逆に細すぎると冬の寒さに負けてしまいます。ですから、多めに種をまいてよりよい苗を選んで植えつけることが大切です。

栽培カレンダー	3月	4月	5月	6月	7月	8月	9月	10月	11月	12月	1月	2月
作業手順			収穫	収穫			種まき		植えつけ	植えつけ		
病害虫		病気（ベト病・黒斑病）	病気（ベト病・黒斑病） 害虫（アブラムシ）	病気（ベト病・黒斑病） 害虫（アブラムシ）								

1 種まき

9月中旬〜下旬に種まき

家庭菜園では市販の苗を植えつけたほうが簡単ですが、種から栽培もできます。種まき時期は早生種で9月中旬、中晩生種で9月下旬です。幅100cm、高さ10cmの畝に棒などで10cm間隔に深さ1cm程度の浅い溝をつけ、種をすじまきします。

種が隠れる程度に覆土し、わらを敷いたり、べたがけをした後、たっぷりと水やりをし、乾燥を防ぎます。発芽したらわらやべたがけを外します。

1 畝に10cm間隔で溝をつけ、約1cm間隔で種をまきます

2 腐葉土などを薄くかぶせます

3 くわなどで軽くおさえます

4 べたがけをして水をたっぷりやります

2 間引き・追肥・土寄せ

生育を見ながら2回の間引き

発芽後2回くらい、込み合っているところを間引きます。

間引き後は、化成肥料30g/m²を株元に施し、軽く土寄せを行います。

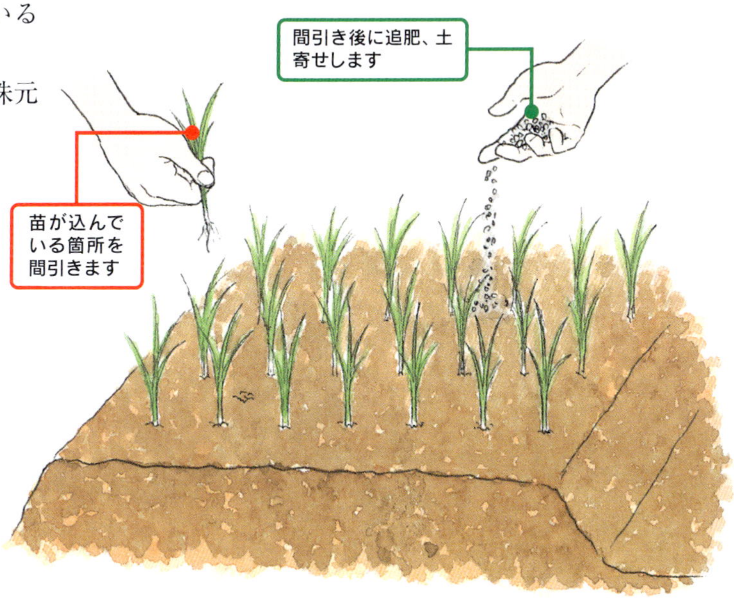
間引き後に追肥、土寄せします
苗が込んでいる箇所を間引きます

3 畑づくり

石灰をたっぷりと施す

植えつけの2週間前に石灰150g/m^2を畑全面に散布してよく耕します。1週間前に、堆肥2kg/m^2、化成肥料100g/m^2、ヨウリン50g/m^2を施して耕します。

種まき直前に幅60cm、高さ10cm程度の平畝をつくります。

1 堆肥、化成肥料、ヨウリンを散布します

2 よく耕して土に混ぜ込みます

3 高さ10cmの畝をつくります

4 植えつけ

よい苗を選ぶのが成功のコツ

植えつけは、早生種で11月中旬、中晩生種で11月下旬～12月上旬に、**根元の太さが7～8mmのよい苗を選んで行います。**幅60cm、高さ10cmの畝の中央に、深さ15cm程度のV字の溝を掘ります。株間10cmで苗を立て掛けるように並べます。

苗が立て掛かっている反対側の土を根元に浅くかぶせます。くわなどで株元の土をしっかりおさえ、水をやります。

1 細すぎず太すぎないよい苗（中央）を選びます

2 株間10cmで立て掛けるように苗を並べます

3 くわで土をおさえます

5 追肥・土寄せ

2月と3月に追肥

追肥は2月上旬と3月下旬の2回行います。株元に化成肥料30g/m^2を施し、くわなどで軽く土寄せします。

化成肥料を散布して、くわなどで軽く土寄せします

6 収穫（種まきから約8か月後）

葉が倒れたら収穫

収穫適期は、翌年の5月中旬～6月頃、全体の7～8割程度の株が倒伏した頃です。

天気のよい日を選び、適宜引き抜いて収穫しましょう。

1 葉が枯れ、倒れた頃に収穫します

2 葉の根元を持って引き抜きます

ユリ科 ★

ニラ

土壌を選ばずどこでも栽培
再収穫もできて長く楽しめる

「グリーンベルト」「ワイドグリーン」など

本葉10枚で1回、20日後に1回化成肥料を追肥（30g/m^2）

土が乾燥したら水やり

ベト病、サビ病（ダコニール水和剤を散布）
アブラムシ（オレート液剤を散布）

栽培のQ&A

Q　葉がしおれ気味で元気がないのですが

A　追肥をしっかり行う

ニラは肥料が足りないと、葉に元気がなくなり、品質も落ちてしまいます。逆にしっかりと追肥さえしてあげれば、どんどん育ちます。特に収穫後は必ず追肥をしてあげましょう。

Q　追肥をしても元気になりません

A　とう立ちしたら摘み取りを

夏になるととう立ちしてきます。放っておくと株が疲れてしまいますので、とう立ちしてきたら、なるべく早く摘み取って、株疲れを防ぐことが大切です。

栽培カレンダー	3月	4月	5月	6月	7月	8月	9月	10月	11月	12月	1月	2月
作業手順				植えつけ	植えつけ							
		収穫（2年目）	収穫（2年目）	収穫（2年目）			収穫（2年目）	収穫（2年目）				
病害虫		害虫（アブラムシ）	害虫（アブラムシ）	害虫（アブラムシ）	害虫（アブラムシ）	害虫（アブラムシ）	害虫（アブラムシ）	害虫（アブラムシ）	害虫（アブラムシ）			

1 植えつけ・追肥・土寄せ

6月中旬〜7月上旬に植えつけ

植えつけ2週間前に、石灰100g/m^{2}を散布して耕します。1週間前に畝幅60cm、中央に深さ15cmの溝を掘り、堆肥2kg/m^{2}と化成肥料100g/m^{2}を散布して土を戻します。株間20cmで苗を深めに植えつけ、水やりします。

植えつけ後**本葉が10枚になった頃に1回目を、その20日後に2回目の追肥を行います。**それぞれ化成肥料30g/m^{2}を株元に散布し、土寄せします。

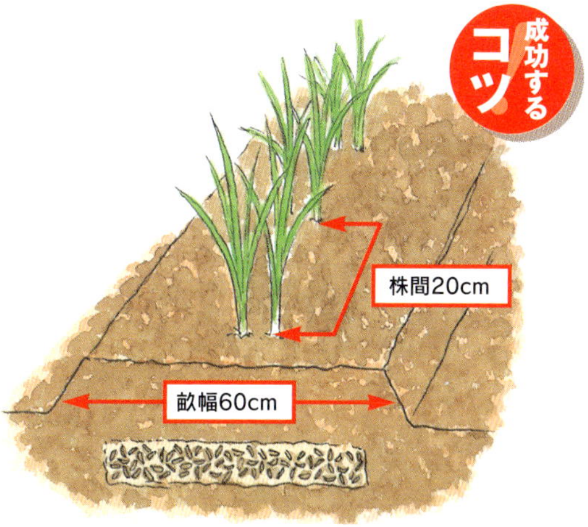

2 収穫（種まきから約9〜10か月後）・追肥・土寄せ

翌年の4月以降から収穫

翌年の4月以降の株を収穫します。20cmぐらいになった新葉を、根元3cmを残して刈り取ります。

1年目は収穫せず株を育てます。霜が降りたら敷きわらなどをして、越冬させます。

収穫した後も、化成肥料30g/m^{2}を株元に追肥し土寄せして、新芽の再生を促します。また、とう立ちしてきたら、茎を5〜6cm残して早めに摘み取ります。

1 株元3cmぐらいを残して収穫します

2 収穫した後は、株の周りに化成肥料を追肥します

3 株元に土寄せをします

コンテナで育てる

1 深さ15cm以上のコンテナに、株間15〜20cm間隔で苗を深植えして水やりをします。本葉10枚の頃と、その20日後に化成肥料10gを追肥します。

2 草丈が20cmぐらいになったら、株元を約3cm残して刈り取ります。収穫後は必ず化成肥料10gを株元に与え、軽く土を寄せておきます。

ユリ科 ★★★

ネギ

栽培期間は長いけれど 収穫できた時のうれしさは格別

- 「石倉」「深谷」など
- 植えつけ1か月後から月に1回化成肥料を追肥（$30g/m^2$）
- 乾燥が激しい場合に水やり
- 黒斑病、ベト病（ダコニール水和剤を散布）
  アブラムシ、スリップス（薬剤散布で駆除）

栽培のQ&A

Q　どうしたらまっすぐ育ちますか？

A　植えつけの時に垂直に植えつける

植えつけ時に苗が斜めになっていたり、植え溝が曲っていると曲って育ちます。なるべくきれいな植え溝を掘り、苗を垂直に植えましょう。

Q　葉の部分が多くて、白い部分（葉鞘《ようしょう》部《ぶ》）が長くなりません……

A　土寄せの時期とかける土の量を正しく

ネギが軟白するには、ある程度の時間と温度が必要です。植えつけ直後は植え溝にわらを敷き、30日以降に溝を埋めるぐらいの土をかぶせ、2回目以降は1回目の土寄せから、30～40日ごとに行い、その都度葉鞘部が隠れるように土寄せし、最後は土をかなり盛り上げます。後半になるほどたくさん土を寄せると覚えましょう。

栽培カレンダー	3月	4月	5月	6月	7月	8月	9月	10月	11月	12月	1月	2月
作業手順					植えつけ	植えつけ				収穫	収穫	収穫
病害虫					病気（ベト病・黒斑病）	病気（ベト病・黒斑病）	病気（ベト病・黒斑病）	病気（ベト病・黒斑病）	病気（ベト病・黒斑病）	病気（ベト病・黒斑病）		
病害虫			害虫（アブラムシ）	害虫（アブラムシ）	害虫（アブラムシ）	害虫（アブラムシ）	害虫（アブラムシ）	害虫（アブラムシ）				

1 畑づくり

深めの溝を掘る

植えつけ前に畑の草をきれいに取り除いて整地します。畝幅を90～100cmとして、深さ30cm、幅15cm程度の溝を掘ります。

2条植えにする場合は、溝と溝の間（畝間《うねま》）を90～100cmぐらいあけます。

1 植えつけ場所をきれいに整えます

2 中央に深さ30cm、幅15cmの溝を掘ります

2 植えつけ

わらをたっぷりと入れる

植えつけは7月頃に行います。**50cm程度の苗を3～5cmの間隔で、溝の壁に沿って垂直に立て、**苗の根元が少し隠れるぐらい土をかけて植えつけます。

植えつけ後は、溝のあいているところに、溝が埋まるぐらいたっぷりとわらを敷きます。

1 3～5cmの間隔で苗を垂直に植えつけます

2 苗の根元を土で埋めて安定させます

3 溝にたっぷりとわらを敷きます

3 追肥・土寄せ（1～2回目）

植えつけ後約30日で追肥

植えつけ後、約30日程度で最初の追肥を行います。

化成肥料30g/m^2を溝の外側に施し、土と混ぜながら溝を埋めるように両側から土寄せします。

1回目の追肥後、約1か月後に2回目の追肥・土寄せを行います。葉鞘部の白いところが見えなくなるぐらい土寄せします。

1 溝の外側に化成肥料を追肥します

2 くわで土と化成肥料を混ぜながら土を寄せます

3 葉鞘部が隠れるぐらい土を寄せます

4 追肥・土寄せ（3回目）

1か月ごとに追肥

2回目の追肥から約1か月後に、3回目の追肥を行います。

同量の化成肥料を株の周りに施し、株元に土を寄せます。

この頃には葉鞘部がしっかり隠れるぐらいたっぷりと土を寄せ、葉鞘部を長く育てます。

1 株の周りに化成肥料30g/m^2を追肥します

2 くわで株元にたっぷりと土を寄せます

3 株の左右からしっかりと土寄せして、葉鞘部を隠します

5 追肥・土寄せ（4回目）

たっぷりと土寄せする

3回目の追肥からさらに1か月後、収穫の30～40日前に、最終の追肥、土寄せを行います。

同量の化成肥料を株の周りに施し、**葉身部の分かれているところぐらいまで土を寄せて、**たっぷりと土を盛ります。

1 株周りに化成肥料30g/m²を施します

2 化成肥料と土を混ぜながら土を寄せます

3 葉身部の分かれているところが少し隠れるぐらい土を盛ります

6 収穫（植えつけから約150日後）

最終追肥から30～40日後に収穫

4回目の追肥から約30～40日後が収穫適期です。

株のわきを深く掘り起こし、葉身部が完全に見えたら手で引き抜きます。

1 葉鞘部を切らないように、株のわきを深く掘ります

2 手で引き抜いて収穫します

アブラナ科

★★★

ハクサイ

種まきの時期を間違えなければ初心者でも育てられる

「富風」「黄ごころ65」「サラダ」「CR郷風」など

植えつけ後15日毎に化成肥料を追肥（30g/m^2）

土が乾かないように水やり

根コブ病（連作を避ける）
アブラムシ（オレート液剤を散布）
コナガ（BT剤を散布）

栽培のQ&A

Q 結球が大きくなりません

A 適期に追肥をする

ハクサイは元肥《もとごえ》が少なかったり、追肥が足りないと肥切れを起こして、結球が大きくなりません。手はかかりますが、特に結球が始まるまでは、しっかりと追肥をしましょう。

Q 結球の締まりが弱いのですが

A 種まき時期を守る

ハクサイは、100枚近くの葉が結球しています。早く種をまいてしまうと、暑い夏に苗が育つことになり、うまく育たなかったり、ウイルス病などにかかったりします。逆に遅すぎると葉が確保できず結球しなくなるので、関東地方なら8月下旬～9月上旬に種をまくようにしましょう。

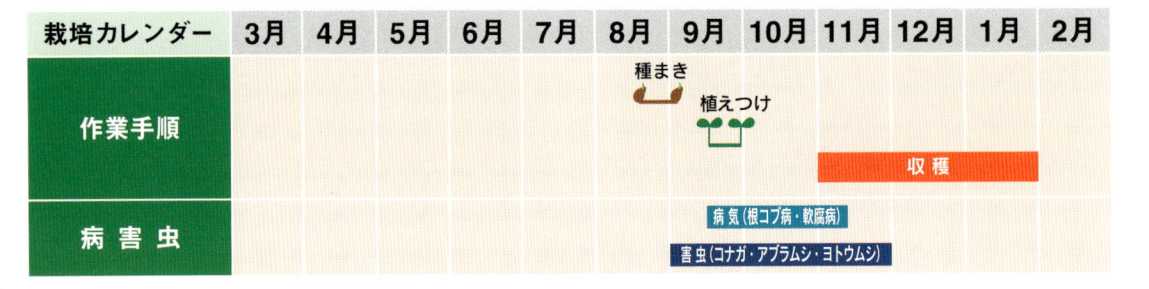

栽培カレンダー	3月	4月	5月	6月	7月	8月	9月	10月	11月	12月	1月	2月
作業手順						種まき	植えつけ		収穫			
病害虫							病気（根コブ病・軟腐病） 害虫（コナガ・アブラムシ・ヨトウムシ）					

1 種まき・苗づくり

ポットで育苗する

種まきは8月下旬～9月上旬に行います。9cm径のポットに培養土を入れ、4～5か所にくぼみをつけて種をまきます。

発芽してきたら、生育や葉形のよいもの3本を残して間引きます。

本葉3～4枚くらい（約20日後）になったら植えつけられます。

1 指で軽くくぼみをつけ種をまきます

2 発芽したら3本残して間引きます

2 畑づくり

植えつけ2週間前に畑づくり

植えつけ2週間前に、石灰150g/m^2を散布してよく耕します。1週間前になったら、畝幅60～70cmとして、中央に深さ15cmくらいの溝を掘ります。

そこに堆肥2kg/m^2、化成肥料100g/m^2を入れ、土を戻して平らにして畝をつくります。

1 畝の中央に深さ15cmくらいの溝を掘ります

2 堆肥、化成肥料を入れます

3 溝を埋めて、すきぐわなどで表面をならします

3 植えつけ

株間40～45cmに植えつけ

苗の本葉が3～4枚になったら、畝に株間40～45cmで植え穴を掘ります。植え穴にたっぷりと水をやり、水が引いたら苗をポットから出して植え、たっぷりと水やりします。

また、この時期はコナガ、アオムシなどの害虫が発生するので、寒冷紗などをトンネルがけして害虫の侵入を防ぐとよいでしょう。

1 ポットから外した苗を植え穴に入れます

2 軽く土を寄せて、苗の根元を手でおさえます

3 葉鞘部が隠れるぐらい土を寄せます。植えつけ後は、たっぷりと水やりします

4 間引き・追肥・土寄せ

本葉5～6枚で最初の間引き

苗の本葉が5～6枚になったら、育ちのよい苗を残して2本にし、本葉8～10枚で、育ちのよい苗を1本間引いて1本立ちにします。

植えつけ後、約15日毎に化成肥料$30g/m^2$を追肥し、土寄せをして、生育を促します。

1 生育の悪い苗を引き抜いて2本立ちにします

2 株間に化成肥料を施します

3 くわで株元に土を寄せます

5 防寒作業

初霜が降りたら防寒作業

霜の害を防ぐために、初霜が降りたら、外葉を束ねてひもで結びます。縛ることで結球した部分が守られ、寒さにも強いハクサイになります。

ただし、早めに行うと、中が害虫のすみかになってしまうので、必ず初霜が降りてから行うようにしましょう。

1 外葉を束ねます

2 株の中心のあたりをひもで結びます

3 株の上部をひもで結びます

6 収穫（種まきから約65～70日後）

締まっているものから順次収穫

結球部分を手でおさえてみて、かたく締まっているものから、株元をナイフで切って収穫します。

収穫までの期間は、早生種で65～70日、中晩生種で80～100日くらいです。

余分な外葉を手で下におさえ、株元をナイフで切ります

コンテナで育てる

1 ミニ品種ならコンテナ栽培ができます。深さ30cm以上の大型コンテナに、本葉5～6枚の苗を、株間30～35cm間隔で植えつけ、水やりをします。

2 本葉10～15枚になった頃に、化成肥料10gを株元に追肥し、土寄せします。

3 結球が始まったら、外葉を持ち上げながら、株元に化成肥料10gを追肥し、土寄せします。結球部が締まってきたら、株元を切って収穫します。

アブラナ科

★★★

ブロッコリー

夏に種をまいて
秋に収穫するのがオススメ

- 「緑嶺」「グリエール」など
- 本葉10枚で1回、20日後に1回化成肥料を追肥（30g/m^2）
- 土が乾いてきたら水やり
- アブラムシ（オレート液剤か、マラソン乳剤を散布）
  ヨトウムシ、アオムシ、コナガ（BT剤を散布）

栽培のQ&A

Q 花蕾《からい》の部分が大きくなりません……

A 適期に植えつける

ブロッコリーは、苗自体は寒さに強いのですが、春の寒冷期に植えつけると、低温で植物体が十分に大きくなる前に花蕾ができ、小さいままになってしまう現象（バトニング）が起こります。早植えせず適期に植えつけましょう。

Q 虫に食われてしまいます

A 防虫対策を念入りに

苗がまだ若く、葉がやわらかい時期は特に虫に食われやすいので、早いうちから捕殺するか薬剤散布をして害虫駆除をしましょう。薬剤を使わない場合は、べたがけ資材やネットをしっかりかけるなど、虫が入れないようにするとかなり効果があります。

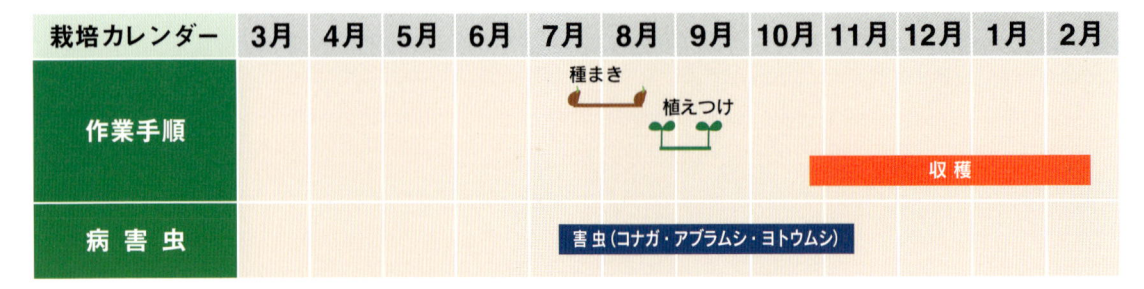

栽培カレンダー	3月	4月	5月	6月	7月	8月	9月	10月	11月	12月	1月	2月
作業手順					種まき	種まき・植えつけ	植えつけ	収穫	収穫	収穫	収穫	収穫
病害虫					害虫（コナガ・アブラムシ・ヨトウムシ）	害虫	害虫	害虫				

1 種まき・苗づくり

ポットで育苗する

種まきは、7月中旬から8月中旬に行います。9cm径のポットに培養土を入れ、種を5～6粒まきます。発芽したら3本に間引き、本葉2枚で2本に、本葉3～4枚で1本に間引きます。本葉5～6枚になったら植えつけます。

1 土を入れたポットに、5～6か所のくぼみをつくり、種をまきます

2 発芽したら3本に間引きます

2 畑づくり・植えつけ・追肥

本葉は10枚で1回目の追肥

植えつけの2週間前に、石灰100g/m^2を散布して耕します。1週間前に畝幅60cmで中央に深さ20cmの溝を掘り、堆肥2kg/m^2と化成肥料100g/m^2を散布して土を戻し、平畝をつくります。株間40cmで植え穴を掘り、苗を植えつけます。

追肥は植えつけ後、本葉が10枚の頃に1回目、その20日後に2回目を行います。株間に化成肥料30g/m^2を散布し、土寄せします。

1 株間40cmで畝に穴を掘り、穴に水をたっぷり注ぎます

2 ポットから外した苗を植えつけ、根元を手で軽くおさえてたっぷりと水をやります

3 収穫（種まきから約90～95日後）

花蕾が締まってきたら収穫

花蕾が大きくなり、小さな蕾《つぼみ》がハッキリと見え、かたく締まった状態が収穫適期です。茎の部分もやわらかくおいしいので、アスパラガスのように利用できます。

花蕾の10～15cmぐらい下の茎を、ナイフで切って収穫します

コンテナで育てる

1 ブロッコリーのコンテナ栽培には、わき芽がたくさん伸びる品種（スティックセニョール）が向いています。深さ30cm以上のコンテナに、本葉5～6枚の苗を植えつけ、水やりをします。

2 てっぺんの花蕾が3～4cmぐらいなったら、花蕾の下の茎を斜めに切って摘心します。株元に化成肥料10gを与え、軽く土寄せをします。わき芽の花蕾が10円玉大になったら、茎を20cmほどつけて収穫し、同量の追肥をします。

アカザ科

ホウレンソウ

品種を選べば周年栽培できるのでいろいろな品種を育ててみたい

- 「アクティブ」（春まき品種）
  「リード」（秋まき品種）
- 間引き後に化成肥料を株のわきに追肥（30g/m^2）
- 土の乾きが激しい場合に水やり
- ベト病（抵抗性品種を栽培）
  アブラムシ、ヨトウムシ、アオムシ（DDVP乳剤1000倍を散布）

栽培のQ&A

Q 種をまいたのにうまく発芽しません

A 石灰で酸性土壌の中和をする

ホウレンソウは酸性土壌に弱い野菜です。まったく発芽しない場合は、畑の土壌が酸性に傾いているかもしれませんので、石灰を散布して土の酸度調整をしましょう。酸度の具合によっても違いますが、通常なら150〜200g/m^2の石灰をまいて、20cmぐらいの深さでよく耕せば改善できます。

Q とう立ちしてしまいます

A とう立ちしにくい品種を栽培する

日が長くなると、とう立ちしやすくなります。栽培時期が日の長い夏期にかかってしまう場合は、とう立ちしにくい品種（アクティブなど）を選ぶようにしましょう。

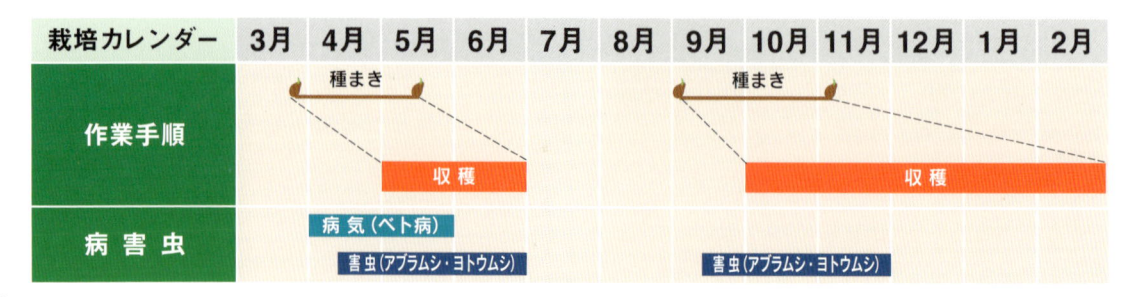

栽培カレンダー	3月	4月	5月	6月	7月	8月	9月	10月	11月	12月	1月	2月
作業手順		種まき	収穫					種まき		収穫		
病害虫		病気（ベト病）	害虫（アブラムシ・ヨトウムシ）					害虫（アブラムシ・ヨトウムシ）				

1 土づくり

石灰をまいて酸性土壌を中和

種まきの1週間〜10日ほど前までに土づくりをしておきます。

ホウレンソウは酸性土壌に弱いので、石灰150〜200g/m^2を畑全面に散布してよく耕します。

次に、堆肥2kg/m^2、化成肥料100g/m^2を施してていねいに耕し、高さ10cm程度の平畝をつくります。

1 石灰を散布してよく耕します

2 堆肥と化成肥料を施して耕します

3 幅60cm、高さ10cmの平畝をつくり、すきぐわなどで表面を整えます

2 種まき

1cm間隔ですじまき

種まきは、1条ないし2条（2条まきの場合は条間15〜20cmにします）のすじまきにします。

畝の表面をならし、支柱などを畝に押し当てて深さ1cm程度の溝をつけ、1cm間隔で種をまきます。

次に、溝の両側から指でつまむようにして土をかぶせ、手のひらで軽くおさえて溝を埋め、たっぷり水やりします。

1 平畝に太めの棒などを押し当てて溝をつけます

2 種を1cm間隔でまきます

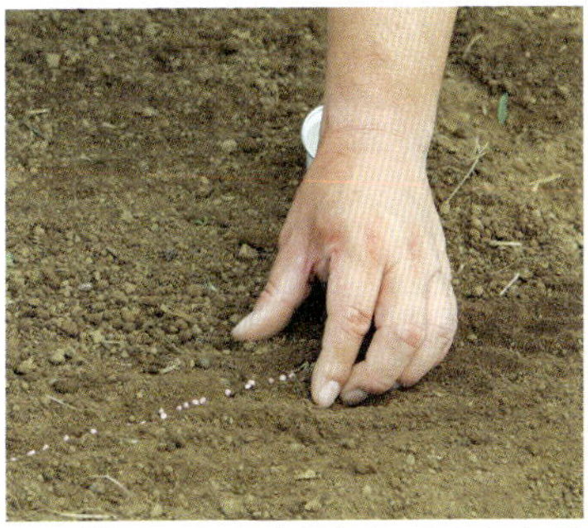

3 指でつまむようにして土をかぶせて溝を埋め、手で軽くおさえて水やりします

3 間引き・土寄せ

株間 3 ～ 4 cmに間引き

種まき後約3～4日で発芽してきます。7日目ぐらいで双葉が展開して本葉（1～2枚）が見えはじめる頃に3～4cmの間隔になるように苗を間引き、ひとつひとつの株をしっかり育てます。

なるべく育ちの悪い小さめの苗や、色つやの悪い苗を間引くようにしましょう。

間引き後は、苗がぐらつかないように株元に軽く土を寄せます。

1 株間が3～4cmになるように苗を間引きます。なるべく育ちの悪い苗を間引きましょう

2 軽く土を寄せます

4 2回目の間引き・追肥・土寄せ

株間5～6cmに間引き

1回目の間引きで株間3cmにすれば十分にホウレンソウは収穫できますが、一株一株を大きく育てたいときは、**さらにもう一度5～6cmの間隔に苗を間引きます**。間引き苗といっても十分に食べられますので、みそ汁やサラダなどに利用しましょう。

また、第2回目の追肥は、中耕・土寄せをかねて草丈が8～10cmまで育った頃（種まき後17～21日目）に行います。

1 株間が5～6cmになるように苗を間引きます

2 株のわきに追肥をします

3 軽く土を寄せます

5 寒冷期の保温

保温してやわらかい葉に育てる

12～2月頃の寒冷期になると、霜や寒風による凍害、葉の傷み、黄化などを起こす場合があります。品質のよいものを収穫するため、べたがけ資材を利用して保温するとよいでしょう。株の上に直接かける場合は、株がつぶれない程度の余裕をもたせましょう。

1 マルチングと同じ要領でべたがけを広げます

2 端を折り返して足でおさえ、土をかぶせます。反対側も同じようにします

3 横も足でおさえながら土をかぶせます

6 収穫（種まきから約30～40日後）

20～25cmに育ったら収穫

ホウレンソウの草丈が20～25cmになったら順次収穫していきます。収穫までの期間は、春まきで種まき後30～40日、秋まきで30～50日程度で収穫できます。

各株の根元を切るか、株ごと引き抜いてもよいでしょう。

1 株の根元をはさみで切って収穫します

2 収穫した株の根をなるべく短く切ります

コンテナで育てる

1 深さ15cm以上のコンテナに、条間10～15cmでまき溝をつけ、1cm間隔で種をまき、薄めに覆土して上から軽くおさえ、たっぷりと水やりをします。

2 本葉が2～3枚になったら、株間が3cmになるように間引きし、株間に化成肥料10gを追肥し、軽く土寄せします。

3 草丈8cmぐらいで同様に追肥・土寄せをし、草丈20cmぐらいになったら、株元を切って必要なだけ収穫します。

キク科

★★

レタス

(リーフレタス)

市販品とはみずみずしさが違う
自家栽培で育てたい野菜

- 「シスコ」「晩抽レッドファイヤー」など
- 結球し始めたら化成肥料を株元に追肥(30g/m²)
- 土が乾いたら水やり
- 菌核病、軟腐病(連作を避ける)
  アブラムシ、ヨトウムシ(寒冷紗で防除)

栽培のQ&A

Q 結球しないでとう立ちしてしまいます

A 種まきの時期を春か秋にする

レタス類の生育適温は15~20℃ぐらいです。栽培期間が夏の暑い時期にかかると結球させるのが難しくしなるので、植えつけ時期に注意します。また、とう立ちは日が長くなると起るので、早く植えつけすぎたり、近くに街灯があるような場所では栽培しないようにしましょう。

Q 葉が大きくなりません

A 株間を広げる

レタスやキャベツなど、結球する野菜はたくさんのエネルギーを必要とします。狭い範囲でたくさん育てようとすると、ひとつひとつの株が大きくならないので、必ず正しい株間をとるようにに心がけましょう。

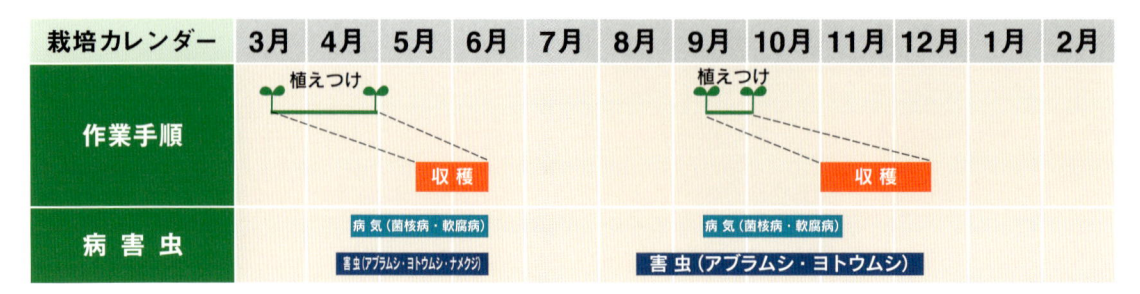

栽培カレンダー	3月	4月	5月	6月	7月	8月	9月	10月	11月	12月	1月	2月
作業手順	植えつけ	植えつけ		収穫			植えつけ		収穫	収穫		
病害虫			病気(菌核病・軟腐病)	病気(菌核病・軟腐病)			病気(菌核病・軟腐病)	病気(菌核病・軟腐病)				
		害虫(アブラムシ・ヨトウムシ・ナメクジ)	害虫(アブラムシ・ヨトウムシ・ナメクジ)	害虫(アブラムシ・ヨトウムシ・ナメクジ)		害虫(アブラムシ・ヨトウムシ)	害虫(アブラムシ・ヨトウムシ)	害虫(アブラムシ・ヨトウムシ)	害虫(アブラムシ・ヨトウムシ)			

1 畑づくり・植えつけ

株間30cmに植えつけ

植えつけ2週間前に苦土《くど》石灰100g/m^2を散布してよく耕し、1週間前に堆肥2kg/m^2、化成肥料100g/m^2を施してよく混ぜ、植えつけ直前に幅60cm、高さ10cmの畝をつくり、マルチングをします。

春は3月中旬～4月、秋は9月中旬～10月上旬に、本葉4～5枚でよく締まった市販苗を株間30cmで植えつけ、たっぷりと水をやります。

1 株間30cmでマルチに穴をあけて土を掘り、穴に水をたっぷり注ぎます

2 水が引いたら、ポットから外した苗を浅めに植えつけ、根元を軽くおさえます。

2 追肥

結球し始めた頃に追肥

結球レタスは結球し始めた頃に、リーフレタスは草丈が7～8cmになったら追肥します。

具体的には、化成肥料30g/m^2をマルチのすき間から株元に施します。

外葉をおさえて、株の根元に化成肥料を施します

3 収穫（植えつけから約30～50日後）

玉が締まっていたら収穫

植えつけ後、結球レタスは50日程度、リーフレタスは30日程度が収穫期です。結球レタスは玉をおしてみて締まっているものから順次収穫します。リーフレタスは、葉長が20～25cmになったら株元から切り取るか、外葉を順次摘み取って収穫します。

開いている外葉をよけ、結球部分を株元から切って収穫します

コンテナで育てる

1 深さ20cm以上の大型コンテナに、本葉4～5枚の苗を、株間20～25cmとって浅植えし、たっぷりと水やりをします。

2 土が乾燥しないように水やりをし、葉が結球してきたら、株元に化成肥料10gを追肥します。

3 結球部分を手でおしてみて、締まっていたら、株元をナイフで切って収穫します。切り口から乳液がにじんできますが、病気ではなく新鮮な証拠ですので心配はいりません。

アブラナ科

★★

カブ

収穫までの期間が短くて品種も豊富で家庭菜園に最適

「金町コカブ」「たかねコカブ」など

間引きのたびに化成肥料を追肥（30g/m^2）

土が乾かないようにしっかりと水やり

根コブ病（「CR鷹丸」などの抵抗性品種を栽培）
アブラムシ（オレート液剤を散布）
コナガ（BT剤の散布、寒冷紗で防除）

栽培のQ&A

Q　せっかくできた根が裂けてしまいます

A　早めに収穫する

カブは収穫が遅れると、内部が肥大して裂けてしまいます。特にコカブ系の品種は生育が早いので、収穫が遅れないようにしましょう。また、乾燥したり、雨が多かったりと、土壌水分が急激に変わると、内部と表皮との生育バランスが崩れて裂けてしまいますので、乾燥させないようにすることも大切です。

Q　根が小ぶりで大きくなりません

A　間引きの時期と回数を守る

カブを大きく育てるためには、間引きが最も重要なポイントです。発芽したらこまめに観察して、適期に間引きをし、葉が重なり合わないように、正しい株間を確保するようにしましょう。

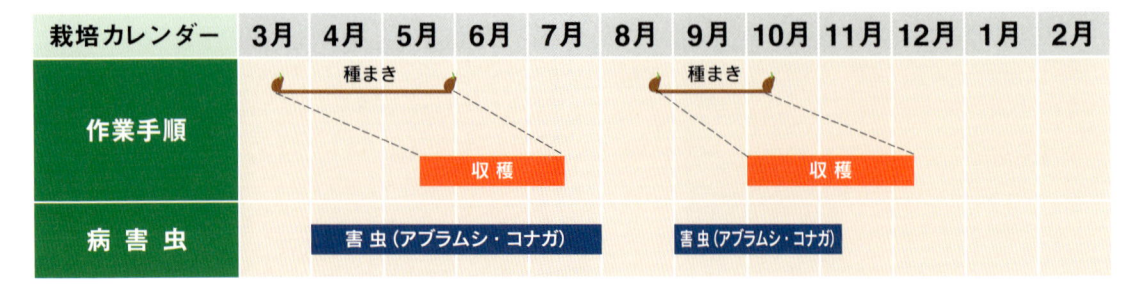

栽培カレンダー	3月	4月	5月	6月	7月	8月	9月	10月	11月	12月	1月	2月
作業手順		種まき					種まき					
				収穫				収穫				
病害虫			害虫（アブラムシ・コナガ）				害虫（アブラムシ・コナガ）					

1 畑づくり・種まき

すじまきで育てる

種まきの2週間前に石灰100g/m^2を散布して耕します。1週間前に畝幅60cmとして、堆肥2kg/m^2、化成肥料100g/m^2を散布してよく耕し、幅60cm、高さ10cmの畝をつくります。畝に条間20cmで2列の溝をつけ、種をすじまきし、水やりします。以降、**土が乾かないように水やりします。**

1　1cm間隔で種をまきます

2　土をかぶせて軽くおさえ、水をやります

2 間引き・追肥・土寄せ

早めに間引きをする

発芽後、**本葉1〜2枚で株間3〜4cmに、本葉3〜4枚で5〜6cmに、本葉5〜6枚で10〜12cmに間引きます。**

2回目以降、生育を見ながら間引き後に化成肥料30g/m^2を追肥し土寄せをします。間引きは、カブの根を大きくする重要な作業なので、**適期を逃さず早めに行うことがポイント**です。

1　本葉1〜2枚で、株間3〜4cmに間引きます

2　本葉5〜6枚で、株間10〜12cmに間引きます

3 収穫（種まきから約45〜50日後）

小カブは5cm、大カブは10cmから収穫

根茎が5〜6cmぐらい（コカブ）から収穫できます。大きくする場合は、10cm以上を目安に順次収穫します。収穫が遅れると、根が裂けてしまうので、適期の収穫を心がけましょう。

葉のつけ根を持って、まっすぐ引き抜きます

コンテナで育てる

1 深さ30cm以上の大型コンテナに、条間10〜15cmでまき溝をつけ、1cm間隔で種をまき、覆土してたっぷりと水やりをします。
※以降土が乾かないように水やりする。

2 発芽後、双葉が開いたら株間3cmに間引き、株元に軽く土寄せをします。以降、本葉3〜4枚で5〜6cmに、本葉5〜6枚で10〜12cmに間引き、それぞれ条間に化成肥料10gを追肥し、土寄せします。

3 根の部分が5cmぐらいになったら収穫します。

ヒルガオ科 ★

サツマイモ

気候変化や病気にも強く収量も多い初心者でも失敗しない根菜

- 「ベニアズマ」「高系14号」など
- 葉の色が悪いときだけ化成肥料を追肥（20g/m²）
- 土の乾燥がひどいときのみ水やり
- ヨトウムシ、コガネムシ（見つけたら取り除いて防除）

栽培のQ&A

Q　つるは繁るのにイモが小さいのですが……

A　窒素肥料を控える

サツマイモは救荒作物といわれ、かなりのやせ地でも栽培できる野菜です。ですから、肥料（窒素肥料）を与えすぎると、つるにばかり栄養がいって根に栄養のまわらない、つるぼけになります。特に前作でたくさん肥料が必要な野菜を育てた場合などは、肥料を与えないように注意しましょう。

Q　ひょろひょろと細いイモしかできません

A　カリ肥料を増やす

イモが太く育たないのも窒素肥料の多すぎが原因で、食べても水っぽくておいしくありません。その場合、窒素肥料を止めてカリ肥料を増やし、養分バランスを調整しましょう。

栽培カレンダー	3月	4月	5月	6月	7月	8月	9月	10月	11月	12月	1月	2月
作業手順			植えつけ	植えつけ				収穫	収穫			
病害虫					害虫（ヨトウムシ・コガネムシ）	害虫（ヨトウムシ・コガネムシ）	害虫（ヨトウムシ・コガネムシ）					

1 畑づくり

肥料の効かせすぎに注意

植えつけ2週間前に石灰100g/m^2を散布してよく耕します。

1週間前に畝幅60～80cmとして、堆肥500g/m^2、化成肥料20g/m^2を施してよく耕し、高さ30cmの高畝をつくります。

また、窒素肥料を効かせすぎるとつるぼけになるので、**窒素の少ないサツマイモ専用の化成肥料を使う**とよいでしょう。

1 植えつけ2週間前に石灰を散布して耕します

2 1週間前に堆肥と化成肥料を散布してよく耕します

3 高さ30cmの高畝をつくります

2 植えつけ

株間30cmで植えつけ

植えつけ予定日の前日に種苗店から苗を購入します。

イモは節から出る根が肥大したものなので、株間30cmにして、3～4節以上を土中にさし込みます。植えつけ直後は倒れていますが、根が張るにつれて、しっかりと起き上がってきます。

植えつけ後、約1週間で発根してきますが、乾いた日が続いた場合は水をかけて活着を助けます。

1 畝に株間30cmで苗を並べます

2 苗の3～4節のところまで土に埋めます

3 根が張ってくると、元気に立ち上がってきます

3 除 草

栽培初期はこまめに除草

生育途中で雑草が生えてきますので、サツマイモのつるが畑一面を覆うようになるまでは、こまめに除草します。

特に、生長し始める時期は梅雨と重なるので、雑草を放っておくとよくありません。

1 つるが伸びてくると、雑草も生えてきます

2 雑草を抜いてきれいにします

4 追 肥

順調に育てば追肥は不要

葉の様子を見ながら追肥します。ほとんど追肥の必要はありませんが、葉色が淡いような場合には、化成肥料20g/m^2程度を畝に施して追肥します。

前作で肥料をたくさん施した場合は、追肥もしないようにしましょう。

1 葉の色が淡い場合は、畝の肩に追肥します

2 追肥後に、株元にしっかりと土を寄せます

5 収穫（植えつけから約150日後）

10月から収穫

収穫は、10～11月上旬の霜の降りないうちに行います。

畑に伸びたつるを刈り取ってから、スコップで土を掘り、つるの根元を持って引き抜きます。イモを傷つけないように、なるべく広めに土を掘るとよいでしょう。

掘ったサツマイモは泥を落とし、3～4日ほど天日に当てると甘みが増しておいしくなります。

また、マルチを使うと、9月上旬～中旬頃から収穫（早掘り）することができます。

1 収穫する株の伸びたつるを刈り取ります

2 イモの周囲からスコップで掘り起こします

3 つるをたどってイモを掘り起こします

6 貯蔵

採れすぎたら畑に埋めて貯蔵

サツマイモは、収穫後に保存することができます。霜が降りない場所を選んで深めに穴を掘り、空気が通るようにふたをして、つるつきのイモをわらや、もみがらで覆って埋めておきます。

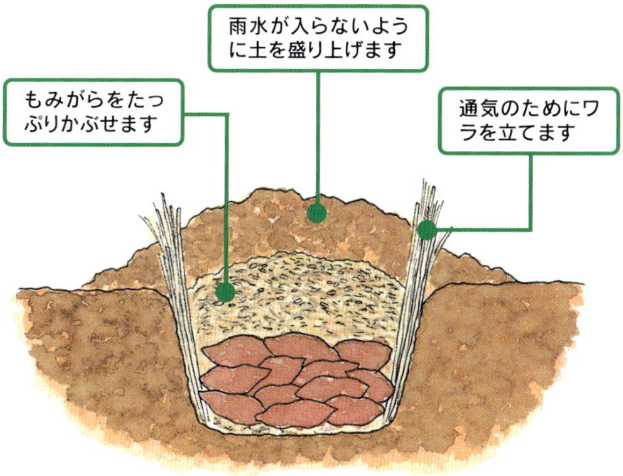

雨水が入らないように土を盛り上げます
もみがらをたっぷりかぶせます
通気のためにワラを立てます

コンテナで育てる

1 深さ50cmぐらいのなるべく大きなコンテナに、葉が5枚程度ついている苗を、株間30cmで斜めに植え、たっぷりと水やりをします。

2 苗が根づき、つるが繁ってきたら、葉の色ツヤを見ながら、元気がなさそうなら化成肥料10gをコンテナの縁のあたりに施します。

3 つるは地面をはわせてもよいですが、支柱やフェンスなどにからませて育ててもよいでしょう。葉が枯れてきた頃に、掘り返して収穫します。

ヒルガオ科

★★

サトイモ

子イモ用品種が育てやすい
家庭菜園なら一株でも十分

- 「石川早生」「土垂」など
- 芽が出たら8月までは月に1回化成肥料を追肥（30g/m²）
- 土が乾いていたらときどき水やり
- アブラムシ（葉の裏を水シャワーで流す）

栽培のQ&A

Q　種イモを植えたのに芽が出ません

A　芽を上に向けて浅く植える

市販されている種イモは、先端から芽が少し出ています。植えつけの際に芽の先端を上に向け、5cm程度の土をかぶせるようにしましょう。

Q　全体的にイモが小さいのですが……

A　土寄せが足りないのが原因

種イモの周りにできる新しい子イモは、上向きにつきます。土をかぶせる量が少ないと、子イモの芽が地表に伸びてしまい、しっかりと太らないうちに孫イモができてしまいます。生育に合わせてしっかりと土を盛り上げて子イモの芽を土中に隠すことで、大きく育ちます。

<table>
<tr><th>栽培カレンダー</th><th>3月</th><th>4月</th><th>5月</th><th>6月</th><th>7月</th><th>8月</th><th>9月</th><th>10月</th><th>11月</th><th>12月</th><th>1月</th><th>2月</th></tr>
<tr><td rowspan="2">作業手順</td><td></td><td colspan="2">植えつけ</td><td></td><td></td><td></td><td></td><td></td><td></td><td></td><td></td><td></td></tr>
<tr><td></td><td></td><td></td><td></td><td></td><td></td><td></td><td colspan="2">収穫</td><td></td><td></td><td></td></tr>
<tr><td rowspan="2">病害虫</td><td></td><td></td><td></td><td colspan="5">害虫（アブラムシ）</td><td></td><td></td><td></td><td></td></tr>
<tr><td></td><td></td><td></td><td></td><td></td><td></td><td colspan="3">害虫（ハシモスンヨトウ）</td><td></td><td></td><td></td></tr>
</table>

1 畑づくり・植えつけ

芽を上にして植えつける

植えつけ1週間前に石灰100g/m^2を散布してよく耕します。種イモは50g程度のものを選び、畝幅100cmとして中央に深さ15cmの溝を掘り、株間40cmで**芽を上にして植えつけます。**種イモの間に堆肥を移植ゴテ1杯、化成肥料30g/m^2を施し、**5〜6cmほど土をかぶせます。**

1 畝の中央に深さ15cmの溝を掘ります

成功するコツ

2 芽を上にして種イモをおき、間に堆肥と化成肥料を施して土を戻します

2 追肥・土寄せ

月に1度は追肥、土寄せする

萌芽したら、8月頃までは月に1回ずつ追肥・土寄せをします。追肥は、化成肥料30g/m^2を株間に施します。土寄せは、一度に多くするとイモの数が少なくなるので、1回目は5cm程度の高さに、2回目以降は10cm程度の高さに土寄せします。また、**子イモから芽が出てきたら、土寄せして埋めてしまいます。**

1 株間に追肥して土寄せします

2 2回目以降の追肥後は、高めに土寄せします

3 収穫（植えつけから約180日後）

10〜11月に収穫

10月下旬から11月上旬が収穫適期です。遅くても降霜前に収穫します。種イモの貯蔵は、葉を切り、親イモから分けずに深さ50cm程度の穴を掘って逆さにして埋めておきます。

1 葉を切り、スコップで掘り起こします

2 土を落として、子イモを取り外します

ナス科

★

ジャガイモ

少ない手間でたくさん収穫できる家庭菜園向きの野菜

- 「ダンシャク」「キタアカリ」など
- 芽かき後と開花期の2回化成肥料を追肥（30g/m^2）
- 土の乾燥がひどいときのみ水やり
- アブラムシ、テントウムシダマシ（見つけたら取り除いて防除）

栽培のQ&A

Q　小イモしかできないのですが……

A　芽かきをしっかりと行う

ジャガイモはひとつの種イモから、たくさんの芽が伸びてきます。すべての芽を伸ばすと、養分が分散されてしまい、イモが大きく育たなくなります。育ちのよい芽を1〜2本にすることで、大きなイモに育つのです。

Q　イモの表面が緑色なのはどうして？

A　土寄せが足りなかったから

ジャガイモは、土寄せが足りずに地表に出たり、地表の近くにあると、日光を浴びてしまい、表面が緑色になってしまいます。見た目だけでなく、おいしさも損ねるので、しっかりと土寄せをして、イモを光に当てないように育てるようにしましょう。

栽培カレンダー	3月	4月	5月	6月	7月	8月	9月	10月	11月	12月	1月	2月
作業手順	植えつけ			収穫								植えつけ
病害虫			害虫（アブラムシ・テントウムシダマシ）									

1 種イモの準備

無病のイモを購入

2月下旬～3月中旬頃が植えつけ適期です。種イモは種苗店などで必ず無病のイモを購入することがポイントです。

種イモを、1片が30～40g程度になるように切ります。その際、それぞれ2～4個程度の芽を残して切るようにします。

切った種イモは、切り口を1週間ほど乾かしてから植えつけましょう。

1 芽を切らないように包丁を入れます

2 1片に2～4個の芽が残るようにします

2 畑づくり

植えつけの1～2週間前に畑づくり

植えつけの1～2週間前に、畑全体に石灰50～100g/m^{2}を散布し、よく耕しておきます（ただし、畑のpH値を測れる場合、pH6.0以上の場合は石灰を散布する必要はありません）。

植えつけ直前に、幅60～70cmの畝をつくり、真っすぐ植えつけるために畝の中央にひもを張ります。

1 畑全体に石灰を散布します

2 よく耕します

3 畝の中央にひもを張ります

アブラナ科

★★

ダイコン

上手につくるのは難しいが秋まきなら成功しやすい

- 「YRくらま」「おはる」など
- 2、3回目の間引き後に化成肥料を追肥（30g/m^2）
- 土が乾いてきたら水やり
- アブラムシ、キスジノミハムシ（DDVP乳剤1000倍を散布）
  アオムシ、コナガ、ヨトウムシ（BT剤を散布）

栽培のQ&A

Q 根の部分が又割れしてしまいます……

A 耕す際に深くよく耕す

ダイコンは畑の土が硬かったり、石などの障害物があると又割れします。なるべく深く耕し、土のかたまりなどをよくほぐし、石などを取り除いて、まっすぐ成長しやすくしてやりましょう。また、土寄せをして株が斜めにならないようにすることも大切です。

Q 根の中に穴があいてしまいました……

A 適期に収穫する

収穫が遅れると、いわゆるすが入った状態になります。根の部分の直径が6～7cm以上になれば収穫できますので、収穫適期を逃さないようにしましょう。

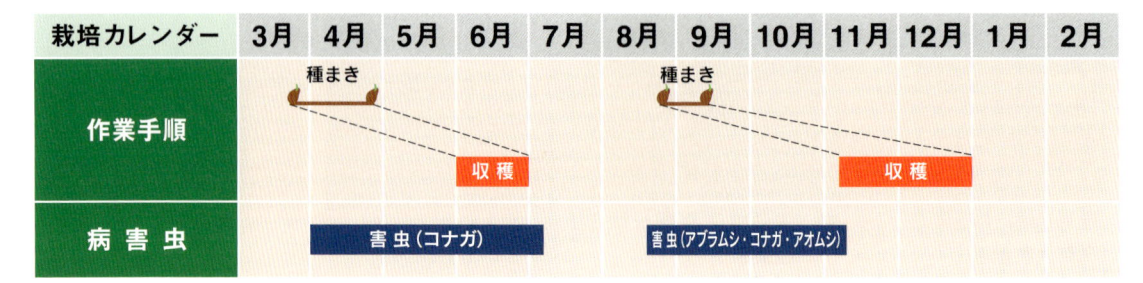

栽培カレンダー	3月	4月	5月	6月	7月	8月	9月	10月	11月	12月	1月	2月
作業手順	種まき			収穫		種まき			収穫			
病害虫		害虫（コナガ）				害虫（アブラムシ・コナガ・アオムシ）						

1 畑づくり

堆肥は早めに施しておく

種まき2週間前に石灰100～150g/m^2、1週間前に堆肥2kg/m^2、化成肥料100g/m^2を散布します。石やゴミなどを取り除いて30～40cmほどの深さによく耕して、ふかふかのやわらかい畑をつくります。

種まき直前に、幅60cm、高さ10cmの畝をつくり、すきぐわなどで表面を整えます。

1 堆肥、化成肥料を散布します

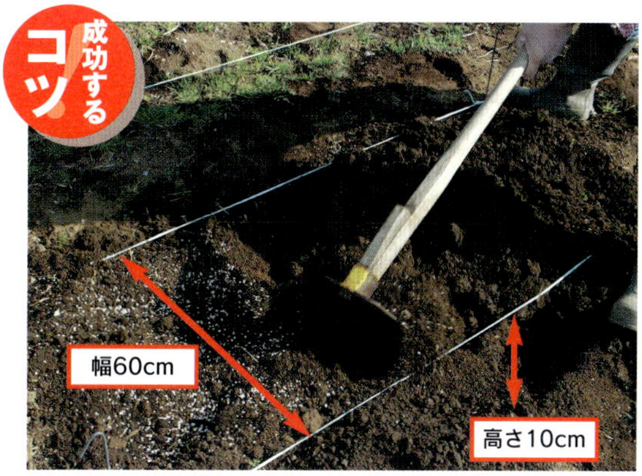

2 深くよく耕し、石やゴミなどは取り除きます

2 種まき

株間30cmの点まき

種は、畝に株間30cmでくぼみをつけ、1か所に4～5粒の点まきとします。種まき後は、土をかぶせて軽くおさえ、乾燥を防ぐために種をまいた場所にもみがらをまきます。

種まき後は、たっぷりと水をやります。以降、発芽までは土が乾かないように水をやり、発芽してからは、土が乾いてきたら水やりをします。

1 畝に株間30cmでくぼみをつけます

2 1か所に4～5粒の種をまきます

3 土ともみがらをかぶせて水をやります

3 間引き（1回目）・土寄せ

本葉1〜2枚で1本立ち

種まきから約7〜8日、発芽して本葉が1〜2枚になったら、最初の間引きを行います。

なるべく元気な苗を残して間引き、3本にします。

間引いた後は、指で軽く土を寄せます。

1 育ちの悪い苗を間引きます

2 間引き後に手で土を寄せます

3 葉が小さい、変色しているなど育ちの悪い苗を間引きましょう

4 間引き（2回目）・追肥・土寄せ

本葉3〜4枚で2本立ち

種まき後10〜20日で、本葉が3〜4枚になったら、2回目の間引きを行います。

1回目と同様に元気な苗を2本残して1本間引き、2本立ちにします。

2回目の間引き後に、化成肥料30g/m^2を株間に施し、株元にしっかりと土を寄せます。

1 育ちの悪い苗を間引いて2本立ちにします

2 株間に化成肥料30g/m^2を追肥します

3 くわで株元に土を寄せます

5 間引き（3回目）・追肥・土寄せ

本葉6〜7枚で1本立ち

本葉が6〜7枚になったら、元気のよい株を1本残して間引きます。

間引き後は、化成肥料30g/m²を株間に施します。根も育ってくるので、しっかりと土を寄せ、株を安定させせます。

また、この頃になると間引いたものを間引き菜として食べられますので、捨てずに利用しましょう。

1 育ちの悪いほうの苗を間引きます

2 追肥後、株元にしっかり土を寄せます

3 間引いた苗は根も葉も食べられます

6 収穫（種まきから約55〜60日後）

6〜7cmの太さになったら収穫

青首ダイコンなら、根の直径が6〜7cmぐらいに育ったら収穫です。収穫までの目安は、早生種で種まきから55〜60日、晩生品種で90〜100日くらいです。収穫が遅れるとすが入ってしまうので、適期の収穫を心がけます。

1 葉をそろえて葉のつけ根を持ちます

2 まっすぐ引き抜きます

コンテナで育てる

1 コンテナ栽培の場合、ミニダイコンが適しています。40cmぐらいの大型コンテナに、なるべくやわらかく粒のそろった土を入れ、株間20cmで直径5cmのくぼみをつくり、1か所に4〜5粒の種をまき、覆土して軽くおさえ、たっぷりと水をやります。

2 発芽後、本葉1〜2枚で3本に、本葉3〜4枚で2本に、本葉5〜6枚で1本に間引き、株元に土を寄せます。2、3回目の間引き後に化成肥料10gを追肥します。

3 根の部分が顔を出し、直径が5cm以上になったら引き抜いて収穫します。

セリ科

★★★

ニンジン

発芽さえ成功すれば それほど難しくないニンジン

「向陽2号」「ベビーキャロット」など

2、3回目の間引き後に化成肥料を追肥（30g/m²）

土の表面が乾いたら水やり

アブラムシ、ヨトウムシ、キアゲハ（DDVP乳剤1000倍を散布）

栽培のQ&A

Q 種をまいてもなかなか芽が出ません……

A 覆土を薄くして、水やりに注意

ニンジンの種は、発芽するのに光を必要とします。ですから、まき溝が深すぎたり、土をかぶせすぎると、うまく発芽しませんので、うっすらと種が見えるぐらいに覆土しましょう。また、日当たりの悪い場所で栽培しないようにし、少し多めに種をまいておくと発芽の確率が高くなります。

発芽しないもうひとつの原因は、水分不足です。ニンジンの種は非常に小さく、水分を吸収しにくいので、発芽するのにたくさんの水分が必要になります。発芽までは土を乾かさないように、こまめに水やりをすることが大切です。

栽培カレンダー	3月	4月	5月	6月	7月	8月	9月	10月	11月	12月	1月	2月
作業手順	種まき	種まき			種まき・収穫	種まき・収穫			収穫	収穫	収穫	収穫
病害虫					害虫（キアゲハ・アブラムシ）	害虫（キアゲハ・アブラムシ）	害虫（キアゲハ・アブラムシ）	害虫（キアゲハ・アブラムシ）				

1 畑づくり・種まき

深くよく耕して又割れを防ぐ

種まき2週間前に石灰150g/m^2を散布して耕します。1週間前までに堆肥2kg/m^2、化成肥料100g/m^2を施して深くよく耕し、幅60cmの畝をつくります。

種まき前に水をやり、条間20〜30cmの2条まきとし、**覆土は指でつまむように薄くかぶせます**。発芽までは土を乾燥させないように、発芽後は土の表面が乾いたら水やりします。

1 条間20〜30cmで畝に2列の溝をつけ、種をまきます

2 指でつまむように薄く土をかぶせ、手で軽くおさえます

2 間引き・追肥・土寄せ

2回目の間引きから追肥する

発芽後、本葉1枚で3cm、本葉2〜3枚で5〜6cm、本葉6〜7枚で10〜12cmの株間に間引きます。間引きはニンジンを大きくするためなので、遅れないようにします。

2回目の間引き以降、化成肥料30g/m^2を株元に追肥して軽く土寄せを行います。また、こまめに除草をすることもポイントです。

1 2回目の間引き以降、追肥、土寄せをします

2 最終的に10〜12cm間隔にして、根を大きくします

3 収穫（種まきから約110〜120日後）

根の太さが4cmになったら収穫

地際の根の太さが4〜5cm程度になったら収穫をはじめます。株の根元を持ってまっすぐに引き抜きます。

また、ミニニンジンは、親指ぐらいの太さになったら収穫できます。

株元を持って引き抜きます

コンテナで育てる

1 コンテナ栽培の場合、ミニニンジンが適しています。深さ20cmぐらいのコンテナに、条間10〜15cm、1cm間隔で種をすじまきします。薄く土をかぶせ、手で軽くおさえてたっぷりと水をやります。
※以降土が乾かないように水やりする。

2 発芽後、本葉1〜2枚で3cmに、本葉3〜4枚で5〜6cmに、本葉6〜7枚で10〜12cm間隔に間引きます。間引き後はそれぞれ、化成肥料10gを追肥し、土寄せしておきます。根の直径が2cmぐらいになった株から順次収穫します。

アブラナ科

ラディッシュ

ちょっとしたスペースでつくれて すぐに収穫できる便利な野菜

「コメット」「レッドチャイム」など

間引き後に化成肥料を追肥（30g/m^2）

土の表面が乾いてきたら水やり

コナガ（BT剤を散布）
アブラムシ（オレート液剤を散布）

栽培のQ&A

Q 根が太く育たないのですが……

A 間引きをしっかり行う

根の部分が肥大し始めたときに株が混んでいると、大きく育たなくなります。あまり株間を広げる必要はありませんが、必ず間引いて4～5cmの株間を確保しましょう。

Q 根が割れてしまうのはなぜですか？

A 収穫時期が遅いから

ラディッシュは、収穫時期を逃して育ちすぎると根が割れてしまい、すが入ってしまいます。「二十日ダイコン」の名前通り、生育が早いので、直径が2～3cmの収穫適期を逃さないようにしましょう。また、乾燥していた畑に急激にたくさん雨が降るなど、土壌の急激な水分変化も、根が割れる原因です。

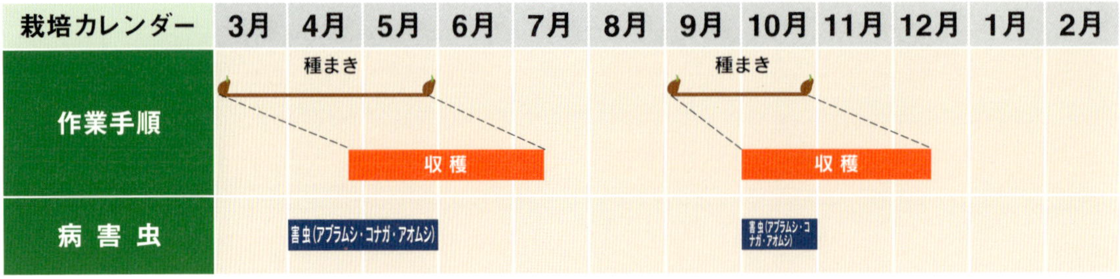
栽培カレンダー
3月
4月
5月
6月
7月
8月
9月
10月
11月
12月
1月
2月
作業手順
種まき
収穫
種まき
収穫
病害虫
害虫(アブラムシ・コナガ・アオムシ)
害虫(アブラムシ・コナガ・アオムシ)

1 畑づくり・種まき

2列のすじまきにすると管理しやすい

種まき2週間前に苦土《くど》石灰100g/m^2を散布して耕し、1週間前に堆肥2kg/m^2、化成肥料100g/m^2を散布して土に混ぜ込みます。幅60cmの畝をつくり、15cm間隔で2本の溝をつけます。種をまき、指で土をかぶせて手で軽くおさえます。たっぷりの水をやり、以降**土が乾いてきたら水を与えます。**

1 畝に15cm間隔で2本溝をつけ、種をすじまきします

2 指でつまむように溝の両側から土をかぶせ、手で土を軽くおさえて水をやります

2 間引き・追肥・土寄せ

本葉2～3枚で株間4～5cmに間引き

種まき後、3～4日で発芽してきますので、双葉が開いたら芽が混んでいるところを間引きます。

本葉が2～3枚になったら、**4～5cm間隔に間引き**、化成肥料30g/m^2を追肥して株元に土を寄せ、根の肥大を助けます。

成功するコツ

1 発芽したら芽が混んでいるところを間引きます。なるべく育ちの悪い苗を間引きましょう

2 株間4～5cmになるように苗を間引き、追肥して土を寄せます

3 収穫（種まきから約30日後）

土から出たら収穫

本葉が5～6枚になり、根の直茎が2～3cmになって土から出て少し見えるようになったら、葉を持って引き抜いて収穫します。

すぐに大きく育つので、なるべく早めに収穫しましょう。

根の直径が2～3cmになったら、葉を持って引き抜いて収穫します

コンテナで育てる

1. 深さ15cm以上のコンテナに、条間10～15cm、深さ1cmのまき溝をつくり、1cm間隔で種をすじまきします。薄く土をかぶせ、手で軽くおさえてたっぷりと水をやります。
※以降土が乾いたら水やりする。

2. 発芽後に3cmに、本葉3～4枚で5～6cm間隔に間引き、間引き後にそれぞれ化成肥料10gを追肥し、土寄せしておきます。根の直径が2cmぐらいになった株から収穫します。

マメ科

★★

インゲン

短期間に何回も収穫できる
品種も多くて栽培が楽しい野菜

「さつきみどり2号」（つるなし種）
「ケンタッキー101」（つるあり種）

草丈20～30cmで1回、収穫期に1回、株元に化成肥料を追肥（30g/m^2）

土が乾いてきたら水やり

アブラムシ（マラソン乳剤1000倍を散布）
ハダニ（ケルセン乳剤1500倍を散布）

栽培のQ&A

Q 豆が実らないのですが……

A 窒素肥料を控える

マメ類は空気中の窒素を利用する力があるため、窒素肥料が多すぎると実がつかないことがあります。窒素肥料を控えるとよいでしょう。

Q 花が咲いてもすぐに落ちてしまいます

A 水やりをしっかりと行う

水やりがおろそかになって乾燥してくると、花が落ちたり、害虫のハダニが多くなります。日照りが続いて雨があまり降らないようなら、こまめに水やりをし、あまり土を乾燥させないように注意しましょう。

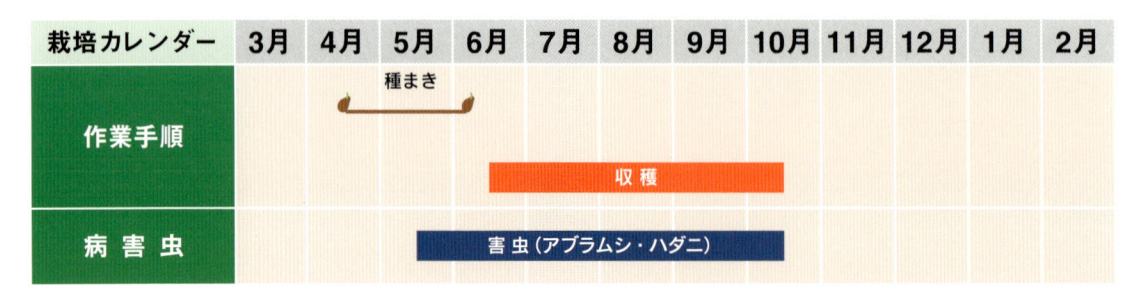

<table>
<tr><th>栽培カレンダー</th><th>3月</th><th>4月</th><th>5月</th><th>6月</th><th>7月</th><th>8月</th><th>9月</th><th>10月</th><th>11月</th><th>12月</th><th>1月</th><th>2月</th></tr>
<tr><td rowspan="2">作業手順</td><td></td><td colspan="2">種まき</td><td></td><td></td><td></td><td></td><td></td><td></td><td></td><td></td><td></td></tr>
<tr><td></td><td></td><td></td><td colspan="5">収穫</td><td></td><td></td><td></td><td></td></tr>
<tr><td>病害虫</td><td></td><td></td><td colspan="6">害虫（アブラムシ・ハダニ）</td><td></td><td></td><td></td><td></td></tr>
</table>

1 畑づくり

石灰で土壌の調整

インゲンは連作障害が出やすいので、3～4年は栽培していない場所を選びます。また、酸性土壌を嫌うので、石灰による土壌の中和が必要です。

種まきの2週間前に石灰150～200g/m^2を散布してよく耕します。1週間前に畝幅60～75cm（2条植えは畝幅90～100cm）として堆肥2kg/m^2、化成肥料50g/m^2を散布して耕します。

1 石灰を散布してよく耕します

2 堆肥と化成肥料を施してよく耕します

2 種まき

5月上旬から種まき

じかまきは5月上旬から、ポットまきは4月中旬頃が種まきの適期ですが、6月上旬頃までまけます。幅60～75cm、高さ10cmの平畝をつくり、株間30cmとして1か所に3粒ずつ種をまきます。

種まき後は水をたっぷりとやります。

ポットまきでは10.5cm径のポットに3粒ずつ種をまきます。

1 畝に株間30cmでくぼみをつけます

2 1か所に3粒種をまきます

3 土をかぶせて軽くおさえます

3 間引き

本葉が出たら間引き

種まきから約10〜15日後、発芽して本葉が出たら、育ちのよい株を残して1本間引き、2本立ちにします。

間引いた苗は、発芽しなかった場所などに移植できます。

1 本葉が出たら間引きます

2 育ちのよい苗を残して1本間引きます

4 支柱立て・誘引

支柱を立てて株の倒伏を防止

つるなし種は支柱なしでも育てられますが、株が倒れるのを防ぐために1m程度の支柱を立てて誘引します（右図）。

つるあり種は合掌式（P.29参照）に支柱を組み、ひもで結んで誘引します（下図）。

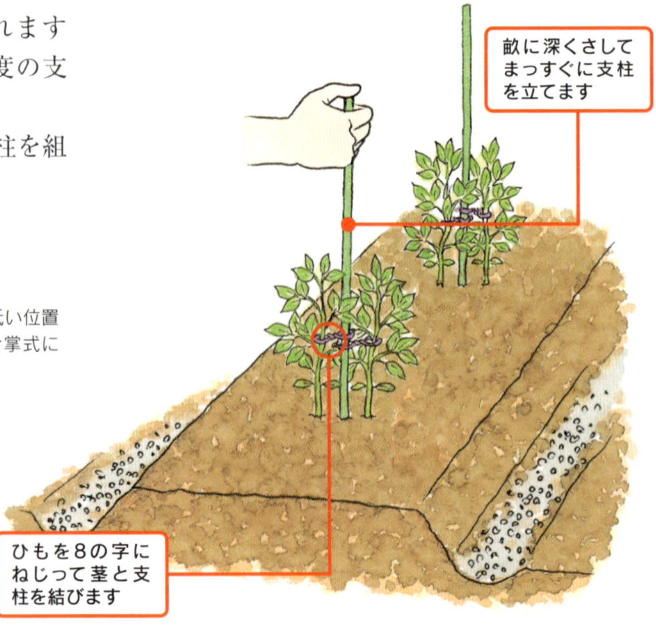
畝に深くさしてまっすぐに支柱を立てます
ひもを8の字にねじって茎と支柱を結びます

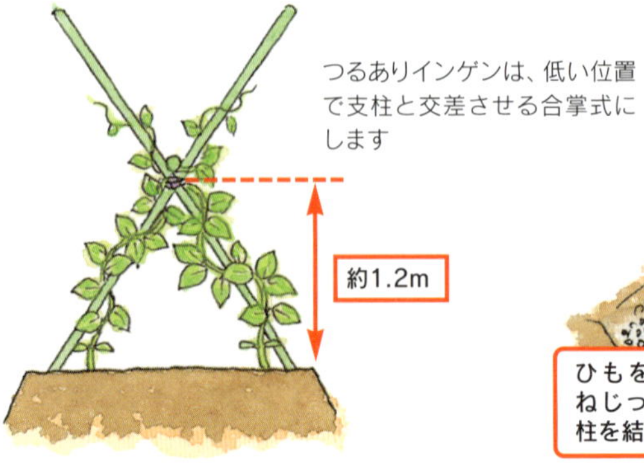
つるありインゲンは、低い位置で支柱と交差させる合掌式にします
約1.2m

5 追肥

草丈20～30cmで最初の追肥

草丈が20～30cmの頃に1回目の追肥を行います。株元に化成肥料30g/m^{2}を施し、軽く土寄せをします。

2回目の追肥は収穫盛期に行います。同量の化成肥料を株の周りに施し、株元に土寄せします。窒素肥料が多すぎると、実がつかないことがあるので、株の生育を見ながら追肥しましょう。

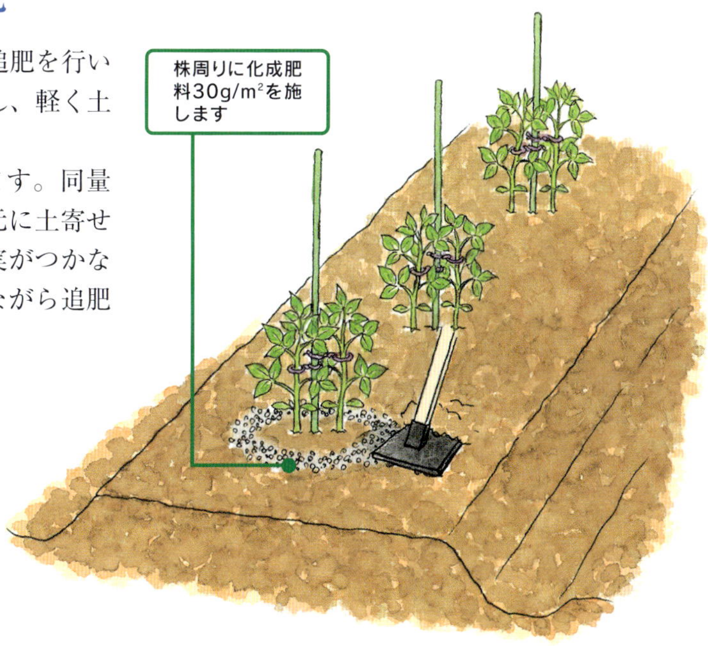

6 収穫（種まきから約60日後）

ふくらみかけた若い実を収穫

つるなし種では、開花後10～15日程度で収穫できます。若いうちのほうがやわらかくておいしいので、さやがあまりふくらまないうちに収穫します。つるあり種は、多少大きくふくらんでからでも収穫できます。

1 つるなし種はふくらみ始めた頃が収穫期

2 つるあり種は少し大きくなったら収穫

コンテナで育てる

1 コンテナ栽培にはつるなし品種を使います。深さ30cm以上の大きめのコンテナに、株間20～25cmで、直径5cm、深さ2cmほどのくぼみをつくり、1か所に3粒の種をまきます。少し多めの土をかぶせて軽くおさえ、たっぷりと水やりします。

2 発芽後、本葉2～3枚で1～2本に間引き、草丈が20cm程度になったら、支柱を立てて誘引し、株元に化成肥料10gを与えます。

3 開花後約10～15日後、15～20cm程度の若めのさやを収穫します。

マメ科

★★

エダマメ

とれたて ゆでたてのおいしさは
家庭菜園ならではの至福の味わい

- 「ビアフレンド」「湯あがり娘」（エダマメ）「夏の調べ」（茶豆）「怪豆黒頭巾」（黒豆）など
- 開花したら株元に化成肥料を追肥（$20g/m^2$）
- 土の乾燥が続いたら水やり
- カメムシ、マメシンクイガ（スミチオン乳剤もしくはトレボン乳剤1000倍を散布）

栽培のQ&A

Q さやがついても豆が入ってません

A カメムシを防除する

実が大きくなるにつれて、カメムシ（P.40参照）も多くなってきます。特に開花直後にカメムシを防除しないと、さやは大きくなっても、中の豆が大きくなりません。こまめにチェックして取り除くか、スミチオン乳剤を1000倍に薄めて全体に散布するなど、防除をしっかり行いましょう。

Q 実があまりつかないのですが……

A 窒素肥料を控える

窒素分が多すぎると葉ばかりが繁って、実がつかないことがあります。配合肥料などを使っているなら、窒素肥料の配合が少ないものを使うなどの工夫をしてみましょう。

栽培カレンダー	3月	4月	5月	6月	7月	8月	9月	10月	11月	12月	1月	2月
作業手順		種まき（4月下旬〜5月中旬）			収穫（7月〜8月）							
病害虫			害虫（アブラムシ・ハダニ・カメムシ・マメシンクイガ）（5月〜8月）									

1 畑づくり

2週間前に石灰散布

種まき2週間前に石灰100g/m^2を散布してよく耕します。

1週間前に畝幅60cmとして畝の中央に深さ15cmの溝を掘り、堆肥2kg/m^2、化成肥料50g/m^2を施し、土を埋め戻して高さ10cmの畝をつくります。

1 深さ15cmの溝を掘ります

2 溝に堆肥と化成肥料を施します

3 土を戻して畝をつくります

2 種まき

株間20cmの3粒まき

害虫の被害を軽減するために4月中旬頃に種まきします。

畝に株間20cmでくぼみをつけ、1か所に3粒ずつ種をまきます。

種まき後はたっぷりと水をやります。以降、乾燥が続くようなら水をやりますが、水のやりすぎには注意します。

ポットまきの場合は4月上旬頃に種まきし、本葉が2枚になった頃に植えつけます。

1 1か所に3粒種をまきます

2 畝の軟らかい土をかぶせて手で軽くおさえます

3 べたがけ

べたがけして鳥よけ

発芽直後の双葉は鳥にとって格好のエサとなります。

そのままにしておくとすぐに食べられてしまうので、**発芽して本葉が開きはじめるまでは、寒冷紗をトンネルがけするか、べたがけ資材をかけておきましょう。**

1 マルチと同じ要領でべたがけをします

2 寒冷紗はトンネルがけします

4 追肥

本葉が開いたら間引き

発芽して本葉が開きはじめたらべたがけ（寒冷紗）を外し、間引きを行います。

育ちのよい苗を残して1本間引き、2本立ちにします。間引き後は双葉の位置ぐらいまで指で軽く土を寄せます。

1 育ちのよい苗を残して1本間引きます

2 株元に土を寄せます

5 追肥・土寄せ

開花したら追肥

開花しはじめたら追肥をします。化成肥料20g/m²を株元に施して土寄せをします。

窒素分が多いと、葉ばかり茂って実入りが悪くなりますので、肥料の施しすぎには注意します。また、窒素分の少ない肥料を使ってもよいでしょう。

1 株元に化成肥料を施します

2 株元に土を寄せます

6 収穫（種まきから約80～85日後）

適期の収穫を心がける

さやがふくらんで実が充実したときが収穫適期です。株ごと引き抜くか、必要なだけ実を摘んで収穫します。

収穫期間は比較的短く、遅れると風味が失われますので、なるべく早めに収穫しましょう。

さやがふくらんできたら収穫間近です。よく観察して適期を逃さないようにしましょう

コンテナで育てる

1 深さ30cm以上の大きめのコンテナに、株間20cmで、本葉2枚の苗を植えつけ、たっぷりと水やりします。
※以降土が乾きはじめたら水やりする。

2 本葉が開きはじめたら、双葉のすぐ下当たりまで土を盛って株を安定させます。開花したら株元に化成肥料10gをまき、双葉のあたりまでしっかりと土を寄せます。

3 さやがふくらんできたら、株ごと引き抜いて収穫します。

マメ科

★★

サヤエンドウ

**晩秋に種をまいて春から収穫
いろいろな品種を作ってみたい**

「絹小町」「豊成」（サヤエンドウ）
「ホルン」（スナップエンドウ）
「グリーンピース」（実エンドウ） など

2月に株元に化成肥料を追肥（30g/m^2）

土が乾いてきたら水やり

ウドンコ病（トップジンMを散布）
ナモグリバエの幼虫（エルサン乳剤1000倍を散布）

栽培のQ&A

Q 冬を越すと枯れてしまう

A 種まきの時期を変える

エンドウの場合種をまくのが早すぎると、冬前に40～50cm程に生長してしまいます。株が生長しすぎると寒さでうまく育ちません。関東南部を基準にすると、10月中旬から11月上旬に種をまくようにしましょう。

Q 葉に模様を描いたようなスジがあるのですが病気ですか？

A ナモグリバエの幼虫による食害

春先に、葉に白い線で模様を描いたような症状が見られることがあります。これはナモグリバエの幼虫が葉を食べた跡で、トンネル状になっているため模様のように見えます。見つけたら葉を取り除くか、害虫を取り除いて防除します。

栽培カレンダー	3月	4月	5月	6月	7月	8月	9月	10月	11月	12月	1月	2月
作業手順		収穫	収穫					種まき	種まき			
病害虫			病気（ウドンコ病）	病気（ウドンコ病）								
	害虫（アブラムシ・ナモグリバエ）	害虫（アブラムシ・ナモグリバエ）	害虫（アブラムシ・ナモグリバエ）	害虫（アブラムシ・ナモグリバエ）								

❶ 種まき

種まきの時期に注意

サヤエンドウは早まきして株が大きくなりすぎないように注意し、10月中旬～11月上旬にポットで苗を育てます。

9cm径ポットに種を4粒まき、本葉2～3枚ぐらいになるまで育てます。

じかまきの場合は、株間30cmとして1か所に4～5粒の点まきにします。発芽する頃に鳥害を受けやすいので、べたがけなどで覆っておくとよいでしょう。

1 9cmのポットに腐葉土を入れ、くぼみを4か所につくります

2 1か所に1粒ずつ種をまきます

3 土をかぶせて水をやります

❷ 間引き

発芽したら3本立ちにする

発芽したら生育のよいものを3株残し、ほかの株を間引きします。本葉が2～3枚になったら植えつけます。

じかまきの場合、本葉が3～4枚になったら株元に軽く土寄せします。また、敷き草（わら）をすると、乾燥を防ぎ、防寒対策にもなります。

1 発芽したら間引きを行います

2 育ちのよい苗を残して1本間引きます

3 畑づくり・植えつけ

石灰で土壌を調整

サヤエンドウは酸性土壌ではうまく生育しないため、石灰で土壌の酸度を調整します。

植えつけの2週間前に石灰150g/m^2を散布してよく耕し、次に堆肥2kg/m^2と化成肥料50g/m^2を施して耕し、土に混ぜ込みます。

幅100cm、高さ10cmの畝をつくり、株間30cm、条間60cmで苗を植えます。植えつけ後はたっぷりと水をやります。

1 株間30cm、条間60cmで穴を掘ります

2 穴に水をたっぷりと注ぎます

3 水が引いたら苗を植えつけ、株元を軽くおさえます

4 防寒対策

ササ竹で霜除け

12月下旬から2月にかけては、寒さが一番厳しくなる時期ですので、霜除けのために畝の北側ないし西側に、ササ竹を立てて防寒しておきます。

2月頃になり、ササ竹が枯れたら取り外します。

畝の北側もしくは西側に、高さ約50cm程度のササ竹を立てます

5 支柱立て・追肥

支柱を立ててつるをからませる

2月に入ってつるが伸びてきたら、ササ竹を取り外します。畝の周りに支柱を立て、茎をひもで結んで誘引し、つるをからませます。

また、支柱の周りにネットを張ってつるをからませてもよいでしょう。

2月になったら株元に化成肥料30g/m²を施し、土寄せをします。

1 畝の周りに支柱を立ててひもを張ります

2 地際に伸びているつるを上に伸ばし、ひもで軽く結びます

3 つるの伸び具合に合わせて、上段のひもに結びつけていきます

6 収 穫（種まきから約180日後）

実がふくらんできたら収穫

サヤエンドウは実がふくらみはじめる頃が収穫適期です。

スナップエンドウはさやがふくらんだ頃に収穫します。

実どり用エンドウは開花後約35日くらい、さやの表面に小じわが生じた頃が収穫適期です。

いずれも収穫が遅れると実がかたくなるので、適期の収穫を心がけましょう。

ハサミで切って収穫します

コンテナで育てる

1 深さ15cm以上の大きめのコンテナに、株間20～25cmで、本葉3～4枚の苗を植えつけ、たっぷりと水やりします。
※以降土が乾きはじめたら水やりする。

2 早春に、草丈が20cmぐらいになったら2m程度の支柱を立て、各支柱を上で一つにまとめて結び、苗を誘引します。株元に化成肥料10gをまき、新しい培養土を入れます。

3 生育に合わせて、支柱の間に横にひもを張り、つるをからませます。実がつき始めたら、同量の化成肥料を施し、適期に収穫します。

マメ科

★★

ソラマメ

初夏の味覚のソラマメは
食べてもおいしく観賞にも最適

写真：(株)サカタのタネ

「河内一寸」「打越一寸」(晩生種) など

2～3月に株周りに化成肥料を追肥
(40～50g/m^2)

土が乾いてきたら水やり

アブラムシ (マラソン乳剤1000倍を散布)

栽培のQ&A

Q なかなか発芽しません

A ポットまきで育苗する

ソラマメの種は大粒で、発芽するのにたくさんの養分や酸素が必要です。初心者だと露地栽培で発芽させるのは難しいので、ポットに種をまいて育苗すると確実です。種まきの適期は10月中旬から11月上旬です。

Q 枝がかなり混んでいますが、そのままでもよいのでしょうか？

A 1株につき6～7本に整枝する

ソラマメは1株からかなりの枝が出てきますので、放っておくと枝が混みすぎて生育しにくくなります。草丈が40cmぐらいになったら、元気のよい枝を1株あたり6～7本残して、他の枝を茎の根元からハサミで切り取りましょう。

栽培カレンダー	3月	4月	5月	6月	7月	8月	9月	10月	11月	12月	1月	2月
作業手順			収穫	収穫				種まき	種まき・植えつけ	植えつけ		
病害虫		害虫(アブラムシ)	害虫(アブラムシ)	害虫(アブラムシ)								

1 畑づくり

連作を避けて畑づくり

連作と酸性の土壌を嫌うので、4～5年あけた畑を選び、石灰で土壌の調整をします。

畝幅60～70cmとして、種まきの1～2週間前に石灰150g/m^2を散布してよく耕します。次に堆肥2kg/m^2、化成肥料50g/m^2を施し、ていねいに耕します。

1 畑全面に石灰を散布します

2 堆肥と化成肥料を散布してよく耕します

2 種まき

種の向きに注意して植えつけ

じかまきする方法とポットまきする方法とがありますが、確実に発芽させるために、家庭菜園ではポットまきにします。

9cm径のポットに2粒ずつ種をまきます。ソラマメは「お歯黒」を斜め下にして植えつけないとうまく発芽しないので、種の向きに注意します。

発芽したら育ちのよい苗を残して1本に間引きます。本葉3～4枚の頃に株間30cmで植えつけます。

じかまきの場合は株間30～40cmで、1か所に2粒ずつの点まきにします。

1 お歯黒を斜め下に向けて植えつけます

2 種の向きを間違えると右の種のように芽が横に伸びてしまいます

3 植えつけ・防寒

本葉3～4枚で植えつけ

本葉3～4枚になったら、幅60～70cm、高さ10cmの畝をつくり、株間30cmで苗を植えます。

植えつけ後はたっぷりと水をやり、以降、土が乾いてきたら水をやります。

12月下旬から2月にかけて、霜や北風から株を守るために、畝の北側にササ竹を立てます。また、株元に敷きワラをしてもよいでしょう。

2月頃になり、ササ竹が枯れたら取り外します。

1 株間30cmで植え穴を掘り、水をたっぷりと注ぎます

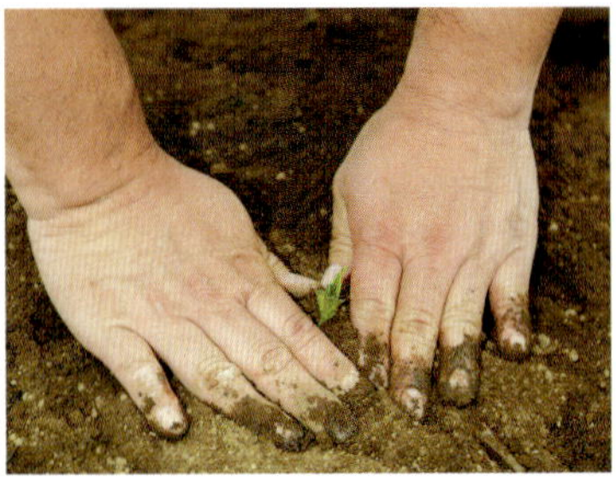

2 水が引いたら苗を浅めに植えつけます

3 12月頃にササ竹を立てます

4 整枝・追肥

草丈40～50cmで整枝

草丈が40～50cmになったら、育ちのよい芽を残し、**1株あたり6～7本に枝を整理します。**

2～3月頃に化成肥料40～50g/m^2程度を株の周りに追肥します。

追肥後は、株が安定して根がしっかりと張るように、枝分かれしている株の根元が隠れるくらいの土入れを行います。

1 育ちのよい芽6～7本を残して株元から切り取ります

2 混んでいた株がすっきりします

3 追肥後に株の中心に土を入れます

5 支柱立て・摘心

支柱を立てて誘引する

草丈がある程度大きくなってきたら、畝の周りに支柱を立てます。20cm間隔ぐらいで何段かひもを張り、生育に合わせて株が倒れないようにします。

また、実を大きくするために、草丈が60〜70cmぐらいに育った頃に摘心します。

1 畝の周囲に支柱を立てます

2 支柱にひもを張り、枝をひもで結んで誘引します。草丈に合わせて徐々に上のほうに誘引していきます

6 収穫（種まきから約200〜210日後）

さやが垂れてきたら収穫

さやがふくらみ、下を向いたら収穫適期です。

鮮度が落ちやすいのでとり遅れに注意して、適期の収穫を心がけましょう。

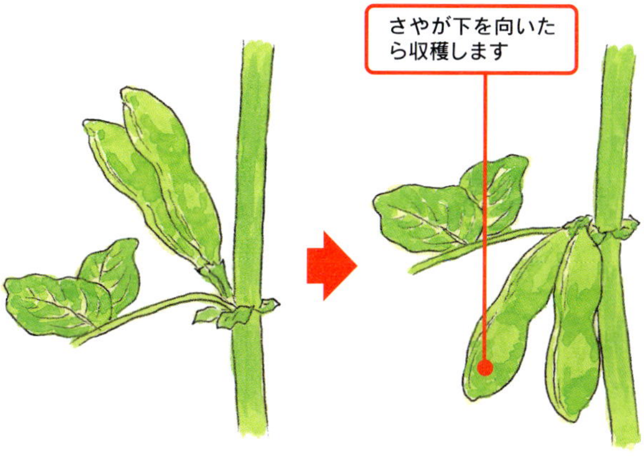

コンテナで育てる

1 深さ30cm以上の大きめのコンテナに、株間30cmで、本葉4〜5枚の苗を植えつけ、たっぷりと水やりします。
※以降土が乾きはじめたら水やりする。

2 草丈が30〜40cmになったら、1株で6〜7本に整枝し、株間に化成肥料20gをまき、新しい土を混ぜておきます。60cm程度の支柱を、コンテナの周りに立て、ひもを張って株が倒れないようにします。

3 草丈60cmぐらいで、株の先端を切って摘心し、上向きについていたさやが、下を向いてきたら収穫します。

ヒルガオ科

エンサイ【クウシンサイ】

次々と収穫できるのが魅力
初夏にまけば秋まで楽しめる

- 「エンサイまたはクウシンサイ」と表示があるもの
- 2週間に1回、畝の肩に化成肥料を追肥（30g/m²）
- 乾燥が激しい場合水やりをする
- 特に心配はなし

栽培のQ&A

Q 種をまいても芽が出てきません……

A 種を一昼夜水に浸す

エンサイの種は、発芽にかなりの水分を必要とします。買ってきた種をすぐにまかずに、種を一昼夜水に浸してからまくと発芽率がアップします。また、発芽するまではこまめに水をやり、乾燥させないようにしましょう。

Q 葉の色が薄い気がしますが……

A 追肥と水やりをしっかりと行う

エンサイは栽培が長期にわたり、どんどん葉が繁ってきますから、肥切れを起こさないように2週間に1回は化成肥料を追肥し、水やりをしましょう。また、葉が混んでくると生育が悪くなるので、収穫を兼ねてつる先を切り取り、適度に整理しましょう。

<table>
<tr><th>栽培カレンダー</th><th>3月</th><th>4月</th><th>5月</th><th>6月</th><th>7月</th><th>8月</th><th>9月</th><th>10月</th><th>11月</th><th>12月</th><th>1月</th><th>2月</th></tr>
<tr><td rowspan="2">作業手順</td><td></td><td></td><td colspan="4">種まき</td><td></td><td></td><td></td><td></td><td></td><td></td></tr>
<tr><td></td><td></td><td></td><td colspan="5">収穫</td><td></td><td></td><td></td><td></td></tr>
<tr><td>病害虫</td><td colspan="12">特に心配はありません</td></tr>
</table>

① 土づくり・種まき

一昼夜水に浸してから種まき

植えつけ2週間前に石灰150g/m^2を畑全面に散布して耕します。1週間前に堆肥2kg/m^2、化成肥料100g/m^2をまいて土と混ぜ、幅70～100cm、高さ10cmの畝をつくります。**一昼夜水に浸し、十分に吸水させた種をまきます。**株間30cmにくぼみをつくって、1か所に3粒の点まきとし、たっぷりと水をやります。

1 株間30cmで1か所に種を3粒まきます

2 土をかぶせて軽くおさえ、たっぷりと水をやります

③ 収穫（種まきから約40～50日後）

わき芽のやわらかいところを収穫

エンサイは、伸びてきたわき芽を次々に利用していく栽培方法です。そのため、最初の収穫は草丈が20cm程度に生長してきた頃に、地面から5cmほどを残して摘み取ります。その後は、肥切れに気をつけながら、わき芽が20～30cmに伸びてきたら順次摘み取って収穫しましょう。

わき芽が茂ってきたら、つる先のやわらかい部分を、15～20cmぐらい切って収穫します

② 追肥

2週間に1回の追肥

10月頃まで長期間収穫可能な野菜ですから、**肥切れを起こさないよう2週間に1回は、化成肥料30g/m^2を追肥します。**液肥500～1,000倍を、水やりをかねて1週間に1回与えると、よく育ちます。

また、保湿や雑草防除のために敷きわらをしてもよいでしょう。

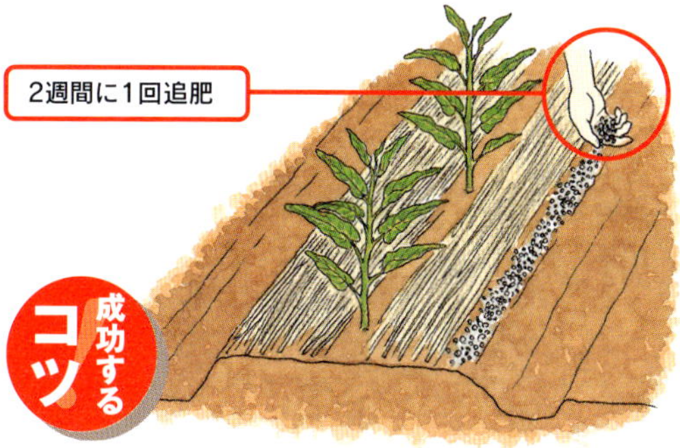

コンテナで育てる

1 深さ30cm以上の大型コンテナに、株間30cmでくぼみをつけ、1か所に3粒種をまき、多めに土をかぶせてたっぷりと水やりします。
※以降土が乾かないように水やりする。

2 発芽後は互いの葉がくっつくなら間引きをし、2週間に1回の頻度で化成肥料10gを株間に追肥します。

3 わき芽が繁ってきたら、つる先の15～20cmぐらいを切り取って収穫します。

アブラナ科

★

カイラン

ブロッコリーの原型
とう立ちした蕾《つぼみ》と花《か》茎《けい》を食べる

- 「カイラン（芥藍）」と表示のあるもの
- 2回目の間引き後に株間に化成肥料を追肥（30g/m²）
- 発芽までは乾かないように、発芽後は乾いてきたら水やり
- コナガ（BT剤を散布）
  アブラムシ（オレート乳剤を散布）

栽培のQ&A

Q 食べるとスジっぽさが気になります……

A 植えつけ時の株間をせまくする

カイランは、株間を広くしすぎるとスジっぽくなり、食味が落ちます。収穫したものがスジっぽかったら、株間を10cmぐらいに狭めて、再度栽培してみましょう。

Q 食べると茎がかたいのですが育ちすぎですか？

A 手で折れるところから収穫する

蕾ができはじめたら、先端から20cmくらいを収穫しますが、株元に近づくにつれかたくなります。手でポキッと折れるぐらいのところを目安にしましょう。それでもかたいなら、草丈15cmぐらいの若いうちに収穫するとよいでしょう。

<table>
<tr><th>栽培カレンダー</th><th>3月</th><th>4月</th><th>5月</th><th>6月</th><th>7月</th><th>8月</th><th>9月</th><th>10月</th><th>11月</th><th>12月</th><th>1月</th><th>2月</th></tr>
<tr><td rowspan="2">作業手順</td><td></td><td></td><td colspan="5">種まき</td><td></td><td></td><td></td><td></td><td></td></tr>
<tr><td></td><td></td><td></td><td colspan="6">収穫</td><td></td><td></td><td></td></tr>
<tr><td>病害虫</td><td></td><td></td><td colspan="6">害虫（コナガ・アオムシ）</td><td></td><td></td><td></td><td></td></tr>
</table>

1 畑づくり・種まき

苗が育つまではたっぷりと水やり

畝幅60cmとして種まき2週間前に石灰100g/m^2を散布して耕します。1週間前に中央に深さ15cmの溝を掘って堆肥2kg/m^2、化成肥料100g/m^2を施し、土を戻して平畝をつくります。条間20cmの2条まきで**株間10〜15cm（株間が広すぎるとスジっぽくなります）**、1か所4〜5粒の点まきにします。覆土して水をやり、発芽までは乾かないように水やりします。

成功する
コツ

1 株間10〜15cmで1か所に4〜5粒種をまきます

2 軽く土をかぶせて手でおさえます

2 間引き・追肥・土寄せ

2回目の間引き以降に追肥

発芽したら3本立ちにして株元に軽く土寄せをします。本葉2〜3枚で2本立ちにします。2回目の間引き後に化成肥料30g/m^2を株間に施し、土寄せします。

本葉4〜5枚で1本立ちにし、同量の化成肥料を追肥し、土寄せします。以後、生育不良の場合は追肥します。

1 2本立ちにしたら追肥、土寄せします

2 本葉4~5枚になったら1本残して間引きます

3 収穫（種まきから約50〜60日後）

蕾ができた頃から収穫

蕾が見えはじめたら、**先端から長さ20cmぐらいのところで手で**ポキッと折り取るか、はさみなどで切り取って収穫します。

また、草丈が15cmぐらいになった頃から、若どり菜として利用できます。

成功する
コツ

先端から長さ20cmぐらいのところを切ります

コンテナで育てる

1 深さ15cm以上のコンテナに、株間10〜15cmぐらいでくぼみをつけ、1か所に4〜5粒の種をまき、土をかぶせて軽くおさえ、たっぷりと水やりします。

2 発芽後、育ちの悪い株を間引いて3本立ちにし、本葉2〜3枚で2本立ち、本葉4〜5枚で1本立ちにします。2回目の間引き後に化成肥料10gを追肥し、土寄せします。
※害虫が多いので、寒冷紗で覆うかこまめに捕殺する。

3 蕾が見えはじめたら、先端から20cmぐらいのところから収穫します。

アブラナ科

★

タアサイ

味も食感もひときわよい
秋まき、冬どりで育てたい

「タアサイまたはタアツァイ」と表示があるもの

2回目の間引き以降、条間に化成肥料を追肥(30g/m^2)

発芽までは乾かないように水やり

アオムシ、コナガ(寒冷紗で防除、もしくはBT剤を散布)

栽培のQ&A

Q 株がうまく広がらないのですが……

A 株間をもっと広くする

春から夏にかけての栽培では葉が上に伸びてあまり横に広がりませんが、秋に栽培していて広がらないのは株間が狭すぎるのが原因です。隣の株と触れるようなら間引きをして、広がるのに十分な株間を確保しましょう。

Q 虫食いが目立つのですが……

A 寒冷紗でトンネル栽培をする

春や秋は害虫がかなり多いので、そのまま育てるとかなりの葉が虫に食われてしまいます。BT剤を散布して駆除してもよいのですが、寒冷紗をしっかりとかけて防除すれば、無農薬でもうまく育てられます。

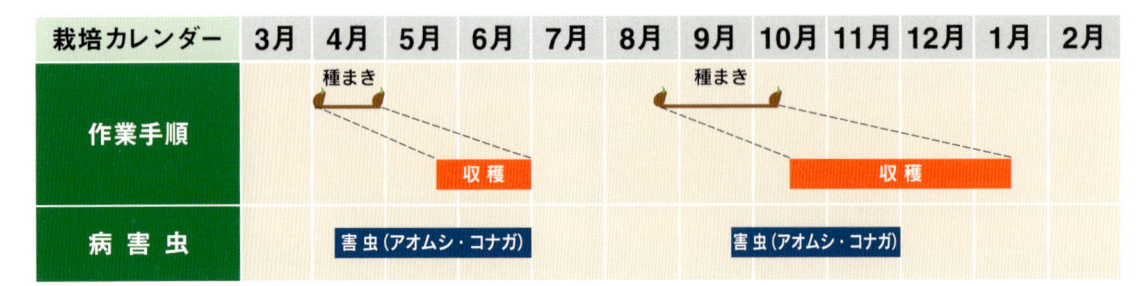

栽培カレンダー	3月	4月	5月	6月	7月	8月	9月	10月	11月	12月	1月	2月
作業手順		種まき		収穫			種まき		収穫			
病害虫			害虫(アオムシ・コナガ)					害虫(アオムシ・コナガ)				

1 畑づくり・種まき

発芽まではこまめに水やり

畝幅60cmとして種まき1～2週間前に石灰100g/m²を散布して耕します。中央に深さ20cmの溝を掘って堆肥2kg/m²、化成肥料100g/m²を施して土を戻し、平畝をつくります。条間を30cmとして2列のまき溝をつけ、1cm間隔で種をすじまきして薄く覆土します。水やりはたっぷりと行い、発芽までは乾かないように水をやります。

1 1cm間隔で種をすじまきします

2 たっぷりと水をやります

2 間引き・追肥・土寄せ

株間を広げて大きな株にする

発芽して双葉が展開したら3～4cm間隔に間引き、ぐらつかないように株元に軽く土寄せします。本葉2～3枚で株間5～6cmに間引き、化成肥料30g/m²を追肥し、土寄せします。

生長とともに間引きと追肥をしながら、**最終的に株間が15～20cmになるようにします。**

成功するコツ

1 間引き収穫をして株間を15～20cmぐらいまで広げます

2 株間が狭いと横に広がらずに上にのびてしまい、葉が混んで生育が悪くなります

3 収穫（種まきから約40日後）

株の直径が20～25cmになったら収穫

春まきの場合は種まき後約35～40日、秋まきの場合は、約50日程度で収穫できます。特に秋まきでは生育後半が寒冷期になるため、葉が厚くなり甘みが増しておいしくなります。

株元を切って収穫します

コンテナで育てる

1 深さ15cm以上の大きめのコンテナに、深さ1cmのまき溝をつけ、1cm間隔で種をまきます。土をかぶせてまき溝を埋め、手で軽くおさえてたっぷりと水やりします。
※以降土が乾かないように水やりする。

2 発芽後は、本葉1～2枚で株間3cm、本葉2～3枚で5～6cm、草丈7～8cmで15～20cmに間引きます。間引き後は土寄せし、2回目の間引き以降化成肥料10gをプランター全体に追肥します。

3 直径20～25cmぐらいに葉が広がったら、株元から切り取って収穫します。

アブラナ科

チンゲンサイ

育てやすくてすぐに収穫できる
家庭菜園にぴったりの野菜

「長陽」「クーニャン」など

元気がなければ間引き後、条間に化成肥料を追肥（10g/m^2）

土が乾いてきたら水やり

アオムシ、コナガ（寒冷紗で防除、もしくはBT剤を散布）
アブラムシ（DDVP乳剤1000倍か、マラソン乳剤1000倍を散布）

栽培のQ&A

Q　花が咲いてしまいます

A　種まきの時期を変える

チンゲンサイは低温で花芽が分化し、長日でとう立ちしやすくなります。早い時期に種をまくと、気候によっては低温にさらされとう立ちしてしまうので、もう少し暖かくなった時期に種をまくとよいでしょう。

Q　株が太くならず、葉の間にすき間があいてしまいます……

A　間引きをして株間を広げる

間引きの時に株間を十分に取らないと、株が大きくなりません。また、夏の高温下でも形のよい株ができにくいので、その場合には寒冷紗などをかけて遮光をするとよいでしょう。

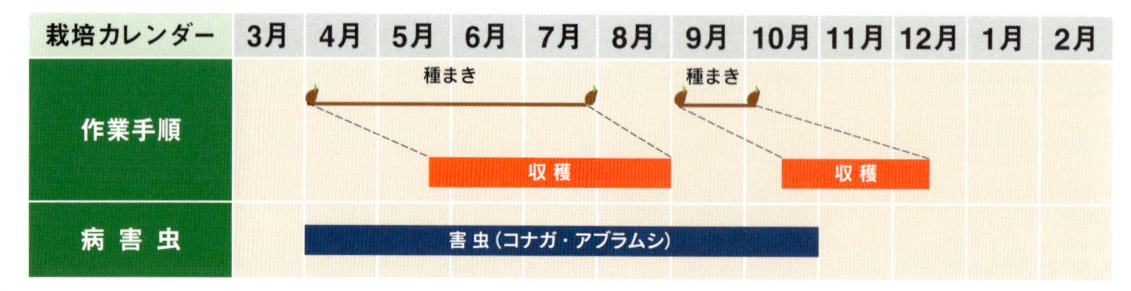

栽培カレンダー	3月	4月	5月	6月	7月	8月	9月	10月	11月	12月	1月	2月
作業手順		種まき	種まき	種まき	種まき		種まき	種まき				
				収穫	収穫	収穫		収穫	収穫	収穫		
病害虫		害虫（コナガ・アブラムシ）	害虫（コナガ・アブラムシ）	害虫（コナガ・アブラムシ）	害虫（コナガ・アブラムシ）	害虫（コナガ・アブラムシ）	害虫（コナガ・アブラムシ）	害虫（コナガ・アブラムシ）				

1 畑づくり・種まき

条間15～20cmのすじまき

種まき2週間前に石灰100～150g/m^2を散布して耕します。1週間前に堆肥2kg/m^2と化成肥料100g/m^2を施し、土とよく混ぜて高さ10cmの畝をつくり、表面を平らにならします。種まきは、条間15～20cmのすじまき（株間15cmで4～5粒の点まきでも可）にします。覆土後にたっぷりと水やりします。

1 畝に条間15～20cmに棒で2本の溝をつけ、重ならないように種をまきます

2 軽く土をかぶせて、たっぷりと水をやります

2 間引き・追肥

本葉1～2枚で最初の間引き

発芽後、本葉1～2枚で株間3～4cm、本葉3～4枚で6～8cm、**本葉5～6枚で15cmくらいに間引きます。**

間引き後は生育を見ながら化成肥料を少量ずつ条間に施し、軽く根元に土寄せします。また、間引いたものは間引き菜として、サラダやみそ汁の具などに利用しましょう。

1 本葉1～2枚で、株間3～4cmになるように苗を間引きます

2 間引き後に軽く土を寄せます

3 収穫（種まきから約30～40日後）

15～20cmで収穫

草丈が15～20cmに生長し、尻部の張ったものから順次収穫できますので、株元をはさみで切って収穫します。また、ミニチンゲンサイの場合は草丈10～12cmぐらいで収穫してもよいでしょう。

外葉を持ち、株の根元をはさみで切ります

コンテナで育てる

1 深さ20cm以上のコンテナに、条間10～15cm、株間5cmで直径2～3cmのまき穴をつくり、1か所に4～5粒種をまきます。土を軽くかぶせて手でおさえ、たっぷりと水やりします。
※以降土が乾かないように水やりする。

2 発芽後は、1か所につき3本に間引き、本葉3～4枚で1か所につき2本に、株元がふくらんできたら1本に間引きます。間引き後は土寄せをし、2回目の間引き以降、条間に化成肥料10gを追肥します。

3 草丈が15cm程度で、株元から切り取って収穫できます。

バラ科 ★★★★

イチゴ

露地栽培品種なら栽培できるが菜園上級者向き

「宝交早生」「ダナー」など

1月下旬～2月上旬に、条間に化成肥料を追肥（30g/m^2）

土が乾いてきたら水やり

ウドンコ病（モレスタン水和剤2500倍を散布）
灰色カビ病（ロブラール水和剤1500倍を散布）
アブラムシ（DDVP乳剤1000倍を散布）
ハダニ類（虫害初期にケルセン乳剤を散布）

栽培のQ&A

Q 実にカビが生えてしまうのですが

A 病気による被害が原因

湿気の多い時期に、実の表面に灰色のカビが出ることがあります。灰色カビ病という病害です。発見したら取り去り、ロブラール水和剤を1500倍に薄めた薬剤を散布しましょう。放っておくと、株全体が枯れることがあります。

Q 実が畝の内側にできてしまいます……

A 植えつけ時に株の向きを変える

イチゴには親株から伸びて地面に着くと子株をつくる「ランナー」というつるがあります。市販の苗はランナーで子株を増やしたもので、親株からのランナーの反対側に花房をつけます。植えつけの際に苗の向きを間違えると畝の内側に実ができてしまいます。

栽培カレンダー	3月	4月	5月	6月	7月	8月	9月	10月	11月	12月	1月	2月
作業手順			収穫	収穫				植えつけ	植えつけ			
病害虫		害虫（アブラムシ・ハダニ・コガネムシ）	病気（ウドンコ病・灰色カビ病） 害虫（アブラムシ・ハダニ・コガネムシ）	病気（ウドンコ病・灰色カビ病） 害虫（アブラムシ・ハダニ・コガネムシ）	害虫（アブラムシ・ハダニ・コガネムシ）	害虫（アブラムシ・ハダニ・コガネムシ）	害虫（アブラムシ・ハダニ・コガネムシ）					

1 畑づくり

元肥《もとごえ》をたっぷりと施す

植えつけ2週間前に、石灰を100g/m^2散布して粗く耕した後、堆肥2kg/m^2を施し、ていねいに耕します。化成肥料100g/m^2、ヨウリン30g/m^2を全面散布し、土とよくなじませます。

植えつけの直前に畝幅60～70cm、高さ15～20cmの平畝をつくります。

1 石灰を施した畑に堆肥を施します

2 化成肥料、ヨウリンを施し、くわで土とよく混ぜ合わせます

3 幅60～70cm、高さ15～20cmの畝をつくります

2 植えつけ

花房を外側にして浅めに植えつけ

10月中旬から11月上旬、種苗店から苗を購入し、株間30cmの2条植えにします。

苗の植えつけのコツは、葉のつけ根が軽く隠れる程度に浅植えすることと、**花房が通路側になるように、あるいは日当たりのよい側に伸びるように植えつける**ことです（親株ランナーの跡の反対側から花房が出ます）。

植えつけ後はたっぷりと水やりします。

1 ランナーの跡の反対側から花が咲くので、ランナーの跡を畝の内側にして植えつけます

2 移植ゴテで株間30cmに穴を掘り、穴に水をたっぷり注ぎます

3 水が引いたら苗を穴に浅めに入れ、株の根元を軽くおさえます

③ 中耕・追肥

着果したら液体肥料を施す

植えつけ後、苗が活着しはじめる頃から、寒さに強いハコベなどの雑草が出てきます。除草をかねて中耕を1～2回行いましょう。

追肥は、1月下旬～2月上旬に化成肥料30～40g/m^{2}を条間に施し、中耕します。

また、果実が肥大しはじめた頃に液体肥料を施すと効果的です。

1 雑草をきれいに取り除きます

2 苗の枯れている葉も取り除きます

3 条間に追肥して土に混ぜます

④ マルチング

低温にさらしてから保温

2～3月に黒色ポリマルチでマルチングすると、地温が上昇して生育が進み、開花も早まります。さらにマルチングにより雑草を防ぐことにもなります。

ただし、マルチをかける前に枯れ葉や病気にやられている葉を、しっかりと取り除きましょう。

1 苗の上からマルチをかけます

2 苗の上から指でマルチに穴をあけます

3 マルチにあける穴はなるべく小さくします

5 収 穫（植えつけから約200日後）

5月中旬～6月中旬頃が収穫時期

開花後30～40日前後、5月中旬頃から真っ赤な甘い果実が楽しめます。赤く熟したものから、順次手で摘み取って、収穫していきます。

赤く熟したものを手で摘み取ります

6 株分け（ランナー）

来年用の苗を育てる

収穫がはじまると、ランナーが伸びて子株が形成されます。収穫が一段落したら、次年度の苗づくりとなります。

ポット育苗が簡単で失敗が少ないのでおすすめです。具体的には、伸びてきた株を土を入れたポットに入れ、ランナーに鉢のかけらや石をのせて固定します。ポットに根づいたら、子株から2～3cm残してランナーを切り、株分けの完了です。

1 伸びてきた株をポットに入れます

2 ランナーに石をのせて固定します

ウリ科

★★★★

スイカ

上達してきたら挑戦したい
上手にできたら感動もののスイカ

「紅しずく」「ミゼット」など

実が着いたら化成肥料を追肥（30g/m^2）

土が乾いてきたら水やり

炭そ病（ジマンダイセン水和剤600倍）
ウドンコ病（ダコニール1000倍を散布）
アブラムシ、ウリハムシ（見つけ次第捕殺）

栽培のQ&A

Q　実ができないのはなぜですか？

A　人工授粉をしてみる

スイカを家庭菜園で栽培する場合、自然に着果させるのは難しいでしょう。家庭菜園では雄花から雄しべを取り、直接雌しべにつけて受粉させます。これで着果の確率がかなり高まります。

Q　実ができても大きくなりません……

A　摘果と追肥を正しく行う

家庭菜園でスイカを栽培する場合、1株で3～4個を収穫するように育てます。それ以上の実をつけておくと、ひとつひとつが大きく育たないので、必ず3～4個だけを残して摘果するようにしましょう。また、実がつく前に追肥をするとつるぼけになりやすいので、追肥は着果してからにしましょう。

栽培カレンダー	3月	4月	5月	6月	7月	8月	9月	10月	11月	12月	1月	2月
作業手順			植えつけ			収穫						
病害虫				病気（疫病・炭そ病・ウドンコ病） 害虫（アブラムシ・ハダニ・ウリハムシ）								

1 畑づくり・植えつけ

ホットキャップで発育を促す

植えつけの2週間前までに石灰150g/m^2を散布してよく耕します。1週間前に畝間200cm、株間100cmとして、中央に深さ30cmの穴を掘ります。そこに堆肥2kg、化成肥料30g、ヨウリン15gを入れ、鞍《くら》つきにします。

5月上旬～中旬に、苗を浅めに植えつけます。高温を好むので、活着するまでホットキャップで覆います。

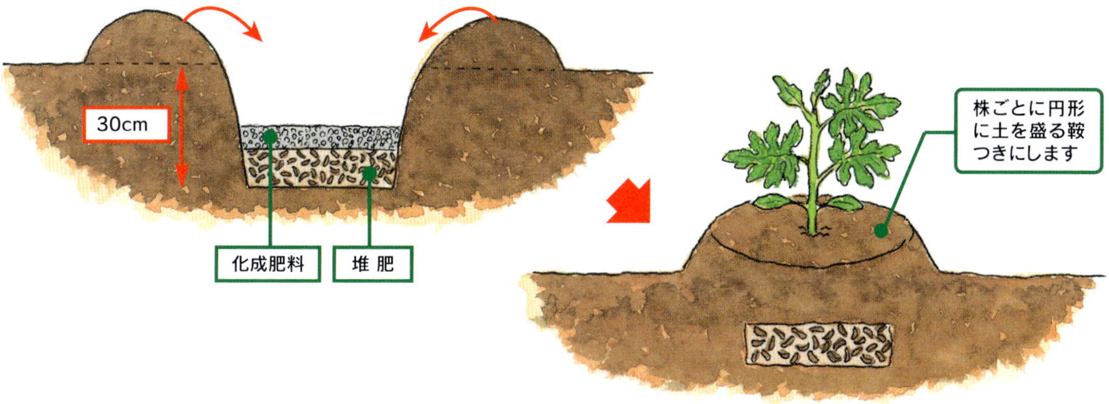
30cm
化成肥料
堆 肥
株ごとに円形に土を盛る鞍つきにします

2 整 枝

3～4本仕立てに

植えつけ後、本葉5～6枚になったら、摘心します。勢いのよい子づる3～4本を伸ばし3～4本仕立てにします。

整枝後も伸びてきた子づるや孫づるを四方に誘導しながら、つるを広げていきます。

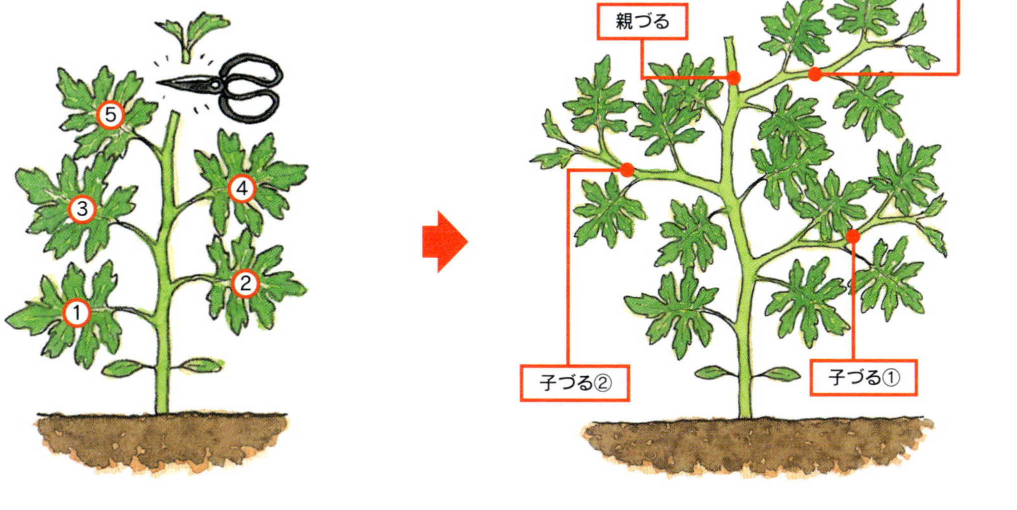
5
4
3
2
1
子づる③
親づる
子づる②
子づる①

3 人工授粉

晴れた日に授粉する

花が咲きはじめたら、各つるの18節以上に着いた3番目の雌花の、雌しべの柱頭に、雄花の花粉をこすりつけて授粉します（雌花は子房の部分がふくらんでいます）。交配した日づけを書いて標識を立てておき、収穫の際の目安にします（右ページ参照）。

1 花びらの下がふくらんでいるのが雌花で、雌しべの柱頭に授粉します

2 花びらの下がふくらんでいないものが雄花です

3 雄花を摘み取り、雌花の雌しべの柱頭に軽くこすりつけます

4 摘果・敷きわら・追肥

摘果して果実を大きくする

1株から2〜4個程度収穫するのを目標にして、ほかの果実を摘み取ります。

畑全体に敷きわらをし、着果したら化成肥料30g/m^2を畝の周りに追肥します。**着果前に追肥するとつるぼけになりやすいので気をつけましょう。**

2回目以降の追肥は、生育状態を見ながら、株に元気がないようなら適宜行います。

着果したら、実をワラや発泡スチロールなどの上にのせて、地面につけないようにしましょう

5 除 草

除草をして果実を大きく育てる

雑草が茂ってくると日当たりが悪くなり、果実が大きくならなかったり、品質を低下させる原因となります。

つるが伸びる前や、雑草が生えてきたときには、除草をしっかりと行います。

雑草はていねいに抜き取ります

6 収 穫（植えつけから約90～100日後）

開花後35～40日が収穫目安

スイカは、外観や果実を打診した音で熟期を判断できるといわれます。しかし、確実に判定することは難しいので、開花後日数（35～40日程度）や、積算温度（毎日の平均温度：1日の最高気温と最低気温を足して2で割ったものの合計が900～1000℃）を参考にして収穫しましょう。

収穫は果梗《かこう》部をはさみで切ります。

1 果梗部をはさみでカットして収穫します

2 交配した日付けを見て、収穫予定の日にちを判断しましょう

キク科

カモミール

観賞用としてはもちろん 乾燥させればハーブティーに

特になし

月に1～2回化成肥料を追肥（5g/株）

土が乾いたら水やり

アブラムシ（オレート液剤を散布）

栽培のQ&A

Q 花の咲く時期が短いのですが……

A 花をこまめに摘み取る

カモミールは、4月頃からが収穫期になりますので、花が咲きはじめたらこまめに収穫して、なるべく咲きはじめの花を摘み取り、株を疲れさせないようにすると長く花が咲きます。

Q 畑に種をまいたら芽が出ませんでした……

A ポットまきで育苗する

カモミールを種から育てる場合は、ポットに種を4～5粒まいて、発芽した苗のうち元気のよい株を3本残して育てましょう。本葉が5～6枚ぐらいになってから、畑に植えつければ失敗も少ないでしょう。

栽培カレンダー	3月	4月	5月	6月	7月	8月	9月	10月	11月	12月	1月	2月
作業手順	植えつけ	植えつけ			収穫	収穫	植えつけ	植えつけ				
		収穫（2年目）	収穫（2年目）	収穫（2年目）								
病害虫		害虫（アブラムシ）	害虫（アブラムシ）	害虫（アブラムシ）								

1 植えつけ

3〜4月に植えつけ

植えつけの2週間前に石灰100g/m^2を畑に散布して、よく耕しておきます。

植えつけの1週間前に堆肥、腐葉土などを2〜3kg/m^2、化成肥料100g/m^2を施します。

植えつけは3〜4月か9〜10月に行います。幅約45cm、高さ10cmの畝をつくり、株間20〜30cmで苗を植えつけます。

ポットまきの場合、発芽したら３本に間引き、本葉5〜6枚の頃に植えつけます。

1 株間を20〜30cmとって苗を置き、植え位置を決めます

2 苗を植えつけ、株元を軽くおさえます

2 追肥・収穫（植えつけから約45〜60日後）

咲きはじめの花を収穫

追肥は月に1〜2回、1株あたり化成肥料小さじ1杯程度（約5g）を施します。

花が咲きはじめたら、咲きはじめの花を摘んで収穫します。

枝が間延びしてきたら、適度に刈り込みをして病害虫の発生を防ぎます。

1 株元に化成肥料を追肥して、軽く土寄せをしておきます

2 咲きはじめの花をこまめに摘み取ります

シソ科

セージ

香りと葉色のよさが魅力
菜園の一画に植えておきたい

栽培のQ&A

Q　成長してくると株が倒れてきてしまうのですが、肥料などをもっと与えたほうがよいのでしょうか？

A　支柱を立てて株を安定させる

成長して葉が繁ってくると、株が倒れてしまうこともあります。その場合は、株の側に支柱を立て、茎をひもで軽く誘引してやれば、株が安定します。また、過湿には弱いので、あまり水を与えすぎないようにすることも大切です。

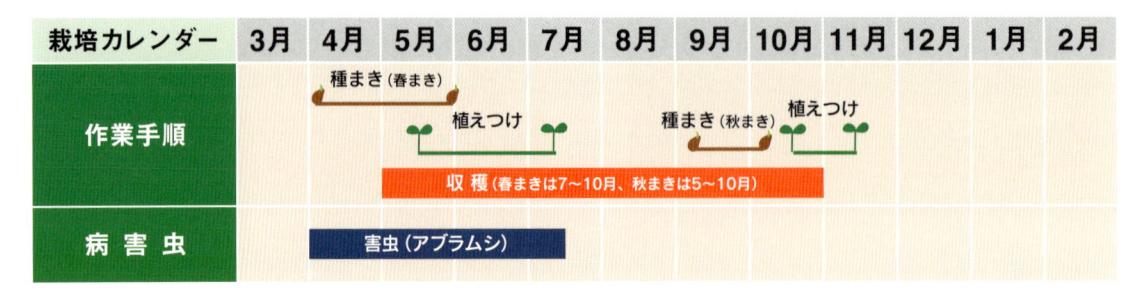

- 特になし
- 月に1回化成肥料を株元に追肥（5g/株）
- 土が乾いたら水やり
- アブラムシ（見つけ次第取り除いて捕殺）

栽培カレンダー	3月	4月	5月	6月	7月	8月	9月	10月	11月	12月	1月	2月
作業手順		種まき（春まき）		植えつけ			種まき（秋まき）	植えつけ				
			収穫（春まきは7～10月、秋まきは5～10月）									
病害虫		害虫（アブラムシ）										

1 種まき・苗づくり・植えつけ

ポットまきで苗を育てる

4～5月頃に、ポットに5～6粒の種をまき、土をかぶせて、たっぷりと水をやります。

発芽したら元気な株を残して間引き、3本立ちにします。ポットの底から根が見えたら植えつけます。

日当たりと水はけのよい場所に、2週間前に石灰100g/m^2を畑に散布して、よく耕しておきます。1週間前に堆肥、腐葉土などを2～3kg/m^2、化成肥料100g/m^2を施し、株間30～40cmで植えつけます。

1 株間20～30cmで植え穴を掘り、水をたっぷりと注ぎます

2 水がひいたら苗を植えつけ、株元を軽くおさえます

3 植えつけ後、たっぷりと水をやります

2 追肥・収穫（植えつけから約50～60日後）

開花前に収穫

追肥は月に1回、1株あたり化成肥料小さじ1杯程度（約5g）を施します。液体肥料でもかまいません。

蕾《つぼみ》が開く直前になったら収穫です。必要なだけ葉を摘み取って収穫します。

1 株まわりに化成肥料をまいて、土寄せをします

2 葉のつけ根をハサミで切って収穫します

シソ科

タイム

手間をかけなくても育ち
簡単に栽培できて見た目も楽しめる

特になし

特になし

土が乾燥していたら水やり

特に問題なし

栽培のQ&A

Q 株の下のほうの葉がなくて見た目が悪いのですが、よい改善方法は？

A 刈り込みをして草姿を整える

タイムは、やせ地でも植えておけば同じ場所で数年は育てられ、さし芽でも簡単に増やせるほど生育の旺盛なハーブです。ですから、放っておくと枝が増えすぎて、株の下のほうが混んでしまい、風通しが悪くなります。そのままだと多湿になりやすく、病気を招く場合もありますので、混んできたら株を刈り込みましょう。特に、梅雨入り前や秋口など、長雨が続くような時期は、刈り込みをして株元の風通しをよくしましょう。

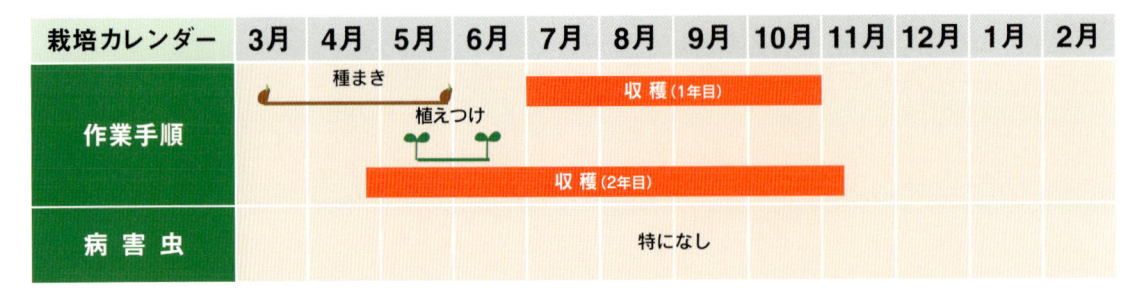

栽培カレンダー	3月	4月	5月	6月	7月	8月	9月	10月	11月	12月	1月	2月
作業手順		種まき				収穫(1年目)						
				植えつけ								
						収穫(2年目)						
病害虫							特になし					

1 種まき・苗づくり・植えつけ

草丈7〜8cmの苗を植えつけ

ポットに7〜8粒の種をまき、発芽後3本に間引きします。3本立ちのまま、追肥しながら育てます。草丈7〜8cmぐらいになったら植えつけます。

植えつけ2週間前に石灰100g/m^2を畑に散布してよく耕します。1週間前に畝幅60cmとして堆肥、腐葉土などを2〜3kg/m^2、化成肥料100g/m^2を施し、畝をつくります。株間30cmで植えつけ、水をたっぷりやります。

1 株間30cmで植え穴を掘ります

2 植え穴に水をたっぷりと注ぎます

3 水がひいたら苗を植えつけ、株元を軽くおさえます

2 追肥・収穫（植えつけから約40〜50日後）

混んだ枝は刈り込みを

夏場は乾燥を防ぐために敷きわらをしておきます。

草丈が20cm程度になったら、葉の先端から5cmぐらいを摘んで収穫します。

枝が混んできたら、株の下のほうの枝を刈り込んで、風通しをよくします。

葉の先端の5cmぐらいをハサミで切り取って収穫します

ユリ科

チャイブ

刈り取り収穫すれば
次々と伸びてくる便利なハーブ

特になし

草丈10cmで化成肥料を追肥（$30g/m^2$）

土が乾いたら水やり

アブラムシ（手で取り除いて捕殺）

栽培のQ&A

Q　株が枯れてきてしまいました……

A　水はけをよくして、適期に収穫する

チャイブは水はけが悪い土壌だと根腐れしてしまうことがあります。水が溜まってなかなか土に染み込まなかったり、雨の後に1日たっても水が引かないような場合は、畝を高くするとよいでしょう。また、草丈をあまり伸ばしすぎると、葉が枯れてきてしまいますから、草丈25～30cmになったら、適度に収穫して葉の再生を促しましょう。

栽培カレンダー	3月	4月	5月	6月	7月	8月	9月	10月	11月	12月	1月	2月
作業手順				植えつけ	植えつけ	収穫（1年目8月下旬～11月）	収穫（1年目8月下旬～11月）	収穫（1年目8月下旬～11月）	収穫（1年目8月下旬～11月）			
		収穫（2年目以降4～10月）	収穫（2年目以降4～10月）	収穫（2年目以降4～10月）	収穫（2年目以降4～10月）	収穫（2年目以降4～10月）	収穫（2年目以降4～10月）	収穫（2年目以降4～10月）				
病害虫			害虫（アブラムシ・ハダニ）	害虫（アブラムシ・ハダニ）	害虫（アブラムシ・ハダニ）	害虫（アブラムシ・ハダニ）	害虫（アブラムシ・ハダニ）	害虫（アブラムシ・ハダニ）				

1 植えつけ

株間20〜25cmで植えつけ

植えつけの2週間前に石灰100g/m^2を畑に散布し、よく耕しておきます。

植えつけの1週間前に堆肥、腐葉土などを2〜3kg/m^2、化成肥料100g/m^2を施します。

植えつけは6月頃に行います。幅約45cm、高さ10cmの畝をつくり、株間20〜25cmで苗を植えつけます。

1 株間20〜25cmで苗を植えつけます

2 植え穴に苗を入れ、株元を軽くおさえて植えつけます

3 たっぷりと水をやります

2 追肥・収穫（植えつけから約60日後）

草丈25〜30cmで収穫

追肥は草丈が10cmぐらいになった頃に行います。化成肥料を30g/m^2施し、軽く土寄せをします。

草丈が25〜30cmになったら、株元を4〜5cmほど残し、必要な分だけ刈り取って収穫します。収穫後は、同量の化成肥料を追肥し、土寄せをします。

1 草丈が25cm以上になったら、随時収穫します

2 収穫するときは、株元を4〜5cmぐらい残してハサミなどで必要なだけ切り取りましょう

★

バジル

摘みたてのフレッシュな香りは
サラダや料理に最適なハーブ

「スイートバジル」など

草丈10cmで化成肥料を追肥（$30g/m^2$）

土が乾かないように水やり

アブラムシ（手で取り除いて捕殺）

栽培のQ&A

Q　種をまいてもなかなか発芽してきません

A　種をまく時期を変える

バジルの種は、発芽するのに20～25℃ぐらいの温度が必要です。あまり早い時期に種をまくとうまく発芽しないことがあります。生育適温も20～25℃なので、種まき時期は、早くても気温が高くなる5月をすぎてからにしましょう。

Q　葉がかたいのですが……

A　追肥と水やりをしっかり行う

バジルは乾燥が続くと葉がかたくなってしまいます。ですから、土が乾燥しないように水やりをしっかりと行いましょう。また、花蕾《からい》が育つと花に養分が取られ、葉の品質が落ちてしまいますので、追肥も忘れないように。

栽培カレンダー	3月	4月	5月	6月	7月	8月	9月	10月	11月	12月	1月	2月
作業手順				種まき		収穫						
病害虫					害虫（アブラムシ・ハダニ）							

1 種まき

5〜7月に種をすじまき

種まき前に堆肥、腐葉土などを2〜3kg/m^2施します。元肥は化成肥料を約100g/m^2施します。

幅約45cm、高さ10cmの畝をつくり、まき溝をつけて、種を1cm間隔ですじまきします。薄く覆土して手で軽くおさえ、たっぷりと水をやります。点まきの場合は、株間40cmで1か所に3〜4粒の種をまきます。

気温が低い場合には、ポットまきにして本葉5〜6枚で植えつけるとよいでしょう。

1 まき溝に、1cm間隔で種をまきます

2 指でまき溝をつまむようにして土を薄くかぶせます

3 上から手で軽くおさえます

2 間引き・追肥・収穫（種まきから約60〜70日後）

追肥と水やりはしっかりと

発芽したら土が乾かないように水をやります。生育とともに葉が混み合わないように間引きをし、最終的に本葉6〜8枚の頃までに株間40cmになるようにします。間引き後に化成肥料を追肥し、軽く土を寄せておきます。

草丈が15cmぐらいになったら収穫できます。わき芽を残し、葉を摘み取って収穫します。花蕾ができたら開花する前に摘心します。花蕾が育つと、養分が取られてしまい、葉の品質が落ちるので注意しましょう。

1 間引き後に化成肥料を30g/m^2程度追肥し、軽く土を寄せます

2 草丈15cm以上になったら、必要な分だけ葉を収穫できます

3 花蕾が育つと養分が取られてしまうので、早めに摘み取りましょう

セリ科 ★★

フェンネル

畑が爽やかな香りで包まれる
葉も葉柄も種も利用したい

「フローレンスフェンネル」など

月に1回化成肥料を追肥（30g/m²）

土が乾かないように水やり

キアゲハ（手で取り除いて捕殺）

栽培のQ＆A

Q　株が太くならないのですが……

A　適期に種まきをする

フェンネルは、冬の間は生育が止まってしまい、寒地では土から出ている部分が枯死します。種をまく時期や植えつけ時期が遅すぎると、大きく育つ前に冬を迎えてしまいます。

Q　葉の虫食いがひどいのですが……

A　キアゲハの幼虫を駆除する

フェンネルをはじめセリ科の野菜は、キアゲハの幼虫の大好物です。初夏から秋までは害虫がつきやすく、1～2匹なら大丈夫ですが、放っておくと葉を食べられてしまいます。見つけ次第捕殺し、防除に努めましょう。

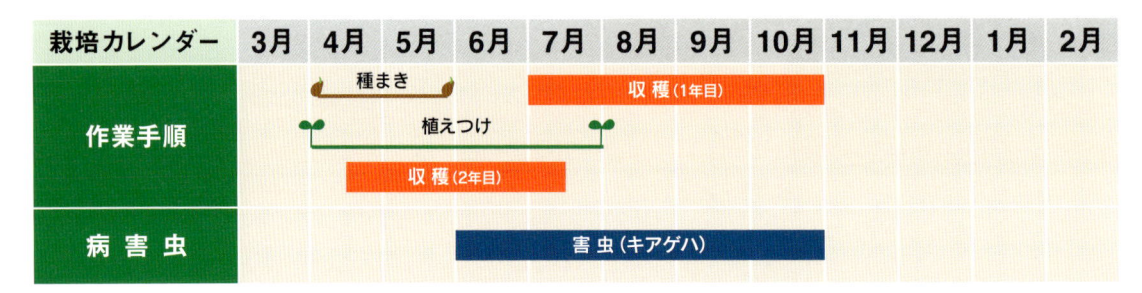

栽培カレンダー	3月	4月	5月	6月	7月	8月	9月	10月	11月	12月	1月	2月
作業手順		種まき	種まき		収穫（1年目）	収穫（1年目）	収穫（1年目）	収穫（1年目）				
		植えつけ	植えつけ	植えつけ	植えつけ							
		収穫（2年目）	収穫（2年目）	収穫（2年目）	収穫（2年目）							
病害虫				害虫（キアゲハ）	害虫（キアゲハ）	害虫（キアゲハ）	害虫（キアゲハ）	害虫（キアゲハ）				

1 植えつけ

4〜7月に植えつけ

畑に堆肥、腐葉土などを2〜3kg/m^2施します。元肥《もとごえ》は化成肥料を約100g/m^2施します。

幅約60cm、高さ10cmの畝をつくり、株間40〜50cmで苗を植えつけます。

種から育てる場合は、ポットに5〜6粒種をまき、本葉が4〜5枚になったら1本立ちにして、植えつけます。

1 株間を40〜50cmと少し広めに取ります

2 植え穴を掘り、水をたっぷりと注ぎます

3 苗を植えつけ、株元を手でおさえて安定させます

2 間引き・追肥・収穫（植えつけから約60〜70日後）

追肥と水やりはしっかりと

追肥は月に1回、30g/m^2の化成肥料を株元に施し、土寄せをします。

1年目は7〜10月、2年目以降は4月中旬〜7月中旬に収穫できます。株ごと収穫し、大きくなった株元と葉を利用します。

毎年3〜4月に、堆肥を株元に施してやるとよいでしょう。

1 株の周りに化成肥料を30g/m^2程度追肥します

2 株元に土を寄せます

3 株元が肥大したものから株ごと収穫します

シソ科

ミント類

いろんな品種と香りが楽しめる
一度は育ててみたいハーブ

アップルミント

「ペパーミント」「アップルミント」など

特になし

土が乾かないように水やり

特になし

栽培のQ&A

Q 芽がよく伸びてきたのですが、放っておいたら伸びすぎて株が倒れてしまいました……

A 定期的に刈り込みをする

ミント類は生育が旺盛で、特に手をかけなくてもどんどん育ちます。ある程度株が繁ってきたら適度に刈り込みをして、株をすっきりさせるとよいでしょう。また、2〜3年たったら根茎を15cmぐらい切り、新しい場所に深さ5cmぐらいに植えつけ、株を更新しましょう。

<table>
<tr><th>栽培カレンダー</th><th>3月</th><th>4月</th><th>5月</th><th>6月</th><th>7月</th><th>8月</th><th>9月</th><th>10月</th><th>11月</th><th>12月</th><th>1月</th><th>2月</th></tr>
<tr><td rowspan="3">作業手順</td><td></td><td colspan="3">種まき</td><td></td><td></td><td colspan="2">種まき</td><td></td><td></td><td></td><td></td></tr>
<tr><td></td><td></td><td colspan="3">植えつけ</td><td></td><td></td><td colspan="2">植えつけ</td><td></td><td></td><td></td></tr>
<tr><td></td><td></td><td></td><td colspan="5">収穫</td><td></td><td></td><td></td><td></td></tr>
<tr><td>病害虫</td><td colspan="12">特になし</td></tr>
</table>

1 植えつけ

5〜7月に植えつけ

畑に堆肥、腐葉土などを2〜3kg/m^2施します。元肥《もとごえ》は化成肥料を約100g/m^2施します。

幅約45cm、高さ10cmの畝をつくり、株間30cmで苗を植えつけます。以降、土が乾かないように水やりをします。

種から育てる場合は、元肥を投入した畑に、種をすじまきし、たっぷりと水をやります。発芽後は混んでいるところを間引き、4〜5cm間隔にします。

1 畝に株間30cmで苗を植えます

2 植えつけ後は、たっぷりと水をやります

2 収穫（植えつけから約30〜40日後）

やわらかく香りのよい葉先を収穫する

本葉が増えてきたら、先端を摘み取って収穫します。3月頃になったら株を抜き、根を15cmぐらいに切って植えつけ、株を更新しましょう。

先端の芽を切り取って収穫します

爽やかな香りのスペアミント

甘酸っぱい香りのパイナップルミント

シソ科

ラベンダー

リラックスする香りと
美しい花が魅力のハーブ

「イングリッシュラベンダー」など

春先と収穫後に追肥

土が乾いたら水やり

特になし

栽培のQ&A

Q 冬になったら枯れてしまいました……

A 寒さに強い品種を育てる

ラベンダーは冷涼な気候を好みますから、冬越しもらくにできるハーブですが、品種によって寒さに弱いものもあります。ラベンダーの中でも寒さに強いのは、イングリッシュラベンダーという種類です。比較的寒い地域に住んでいるなら、コモンラベンダーやトウルラベンダーと呼ばれる品種を選んで育てるとよいでしょう。ほかにも、スパイクラベンダーやスイートラベンダーなどが寒さに強いので、試してみるとよいでしょう。

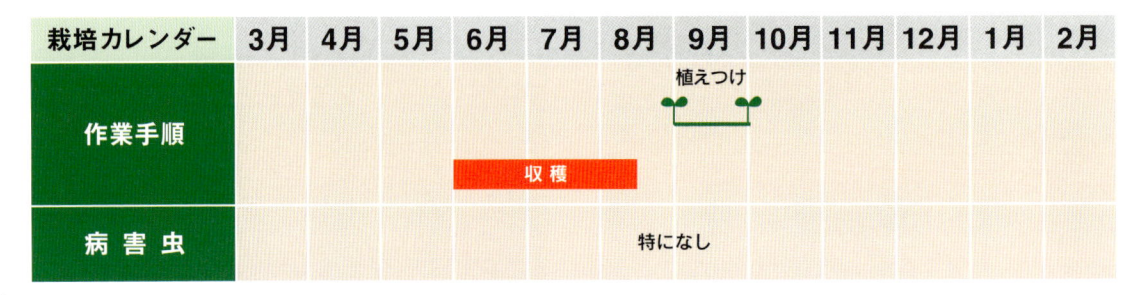

栽培カレンダー	3月	4月	5月	6月	7月	8月	9月	10月	11月	12月	1月	2月
作業手順					収穫		植えつけ					
病害虫						特になし						

1 植えつけ

窒素肥料は控えめに

植えつけは9月頃に行います。畑に堆肥、腐葉土などを2～3kg/m^2施します。元肥《もとごえ》は化成肥料を約100g/m^2施し、幅約45cm、高さ10cmの畝をつくり、株間30cmで苗を植えつけ、たっぷりと水をやります。

苗が根づくまでは寒冷紗をかけ、土が乾いたら水やりをして越冬させます。

1 畝に株間30cmで苗を植えます

2 植え穴を掘り、水を注ぎます

3 植え穴にポットから外した苗を植えつけ、株元を軽くおさえます

2 収穫（植えつけの翌年から）

開花前の花穂を収穫

6～7月頃、開花直前の花穂を茎葉ごと切り取って収穫します。

収穫後は、30g/m^2の化成肥料を株の周りに追肥し、土寄せをします。春先にも同量の追肥をします。

梅雨に入る頃に、下葉を4～5枚残して刈り込みます。

1 開花直前の花穂を、先端から15cmぐらいの長さで切って収穫します

2 葉が混んでくるので、梅雨前には刈り込みをしましょう

シソ科

★

ローズマリー

特有の香りと薄紫色の花が見た目にも美しく料理にも役に立つ

特になし

特になし

乾燥が続いたら水やり

特になし

栽培のQ&A

Q 苗を植えつけたのになかなか大きく育たないのですが……

A 水やりを控える

ローズマリーは、過湿を嫌い比較的乾燥した環境を好みます。ほかの野菜などと違い、あまり水やりを行うと生育が悪くなります。土の表面が乾いてからしばらく雨が降らず乾燥が続くような場合や、暑さの厳しい盛夏なら水をやるようにしますが、それ以外は特に水やりの必要はありません。 鉢植えやコンテナ栽培の場合は、土が乾いたらたっぷりと水やりし、以降土が乾いてから水やりをするようにします。

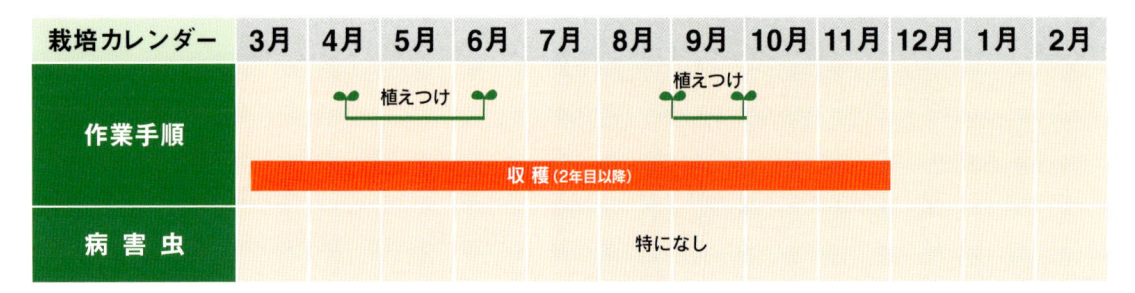

栽培カレンダー	3月	4月	5月	6月	7月	8月	9月	10月	11月	12月	1月	2月
作業手順			植えつけ				植えつけ					
					収穫（2年目以降）							
病害虫						特になし						

1 植えつけ

5月か9月頃が植えつけ適期

家庭菜園では市販の苗を使って育てます。

植えつけの2週間前に石灰100g/m^2を畑に散布して、よく耕しておきます。植えつけの1週間前に堆肥、腐葉土などを2～3kg/m^2、化成肥料100g/m^2を施します。

高さ20cmの高畝をつくり、株間50～60cmで植えつけます。

1 畝に株間50～60cmで苗を置き、植え位置を決めます

2 植え穴を掘り、ポットから外した苗を植えつけ、株元を手でおさえます

3 植えつけ後にたっぷりと水やりをします

2 刈り込み・収穫（植えつけの翌年から）

新芽を収穫する

開花直前になったら、株の下のほうを1/3ぐらい残して、枝を刈り込みます。

株が大きくなったら、新芽を摘んで収穫します。

刈り込まずそのまま育てる方法もあります。

1 新芽の先端、10～15cmぐらいを切って収穫します

2 薄紫色のきれいな花を咲かせますが、開花前に収穫をしましょう

ハーブをふやしてみよう！

さし木栽培

ハーブはさし木をすることで、簡単にふやすことができます。菜園仲間からハーブを分けてもらったり、畑のハーブをプランターで育ててみるときなどに便利ですから、覚えておきましょう。

1 ハーブを摘む

増やしたいハーブの若芽を摘み、先端の葉を3〜4枚残して、茎の下の葉を取ります。セージなど葉が長いハーブは、葉を半分に切ります。

若芽を摘み（左）、余分な葉を取ります（右）

2 さし木

市販のイチゴパックの底面に、8か所ぐらい穴を開け、バーミキュライトを入れます。

パックごと水に浸し、バーミキュライトが水を吸ったら、摘んだ若芽をさしていきます。

水を吸ったバーミキュライトに若芽をさしていきます

3 2週間で植えかえ

パックを水から上げて受け皿に置きます。以降、バーミキュライトが乾かないように水やりをしながら、約2週間で根づいてきたら植え替えます。

パックごと受け皿に入れ、乾かないように水やりをします

庭木で楽しむ
果　樹

苗樹の植えつけかた
イチジク
ウメ
ウンシュウミカン
カキ
キウイフルーツ
キンカン
スモモ類
ナツミカン
ビワ
ブドウ
ブルーベリー
ユズ
リンゴ

庭木で楽しむ果樹の基本

苗樹の植えつけかた

最近は、ミカンなどの定番果樹からマンゴーなど熱帯地方の果樹まで、さまざまな苗樹《なえぎ》が市販され、気軽に果樹の栽培ができるようになりました。ここでは、初心者でも失敗しない植えつけかたを紹介します。

はじめての果樹づくり

果樹の栽培は、野菜づくりと違って栽培期間も非常に長いので、簡単ではありません。しかし、定期的な手入れとその意味を理解すれば、思っているよりもうまく果樹栽培を楽しむことができます。

まず最初に行うことは、何を育てたいかを決めることです。

果樹はミカンやカキ、リンゴなどのように、常緑樹や落葉樹に分けられます。中にはつるを広く伸ばすブドウやキウイフルーツ、樹高も低くスペースをとらないブルーベリーなどの小果樹など、さまざまな種類があります。また、一本だけ植えれば実をつけるものと、雌雄あるいは品種の違う2本の樹を植えないと実をつけないものもありますので、スペースや目的に合わせて、育てられる果樹を決めることが先決です。

果樹に適した条件は？

庭に植えつける場合、気をつけたいのが「土壌の深さ」「水はけ」「日当たり」です。

果樹は野菜以上に根を深く張りますので、ある程度の土の深さが必要です。ただし、それほど大きくする必要はないので、50cmぐらいの深さがあれば大丈夫でしょう。

水はけも重要で、埋め立て地などで湿った土壌だとうまく育ちません。

もし、深さがあまりなく、水はけも悪いような場合は、果樹を植える場所に盛り土をして、高くすることで解決できます。

最後に日当たりですが、どうせなら甘くておいしい果実を収穫したいので、日当たりのよい場所に植えるようにします。

どうしても十分な日当たりが確保できない場合は、柑橘《かんきつ》類などの日陰にも強い果樹を栽培するようにします。

●日当たり・水はけ・乾燥と果樹の関係

条件		果樹の種類
日当たり	日当たりのよい場所	リンゴなど
	適度な日当たり	ウメ、スモモなど
	あまり日が当たらなくても大丈夫	ブドウ、ミカンなど
	日陰に強い	イチジク、カキ、キウイフルーツなど
水はけ	水はけのよい場所	イチジク、ウメ、キウイフルーツ、スモモなど
	水はけが悪くても強い	カキ、ブドウ、ブルーベリーなど
乾　燥	乾燥に強い	ウメ、柑橘類、スモモ、ブドウなど
	乾燥に弱い	カキ、キウイフルーツ、ブルーベリー、リンゴなど

植えつけ時期

果樹を植えつける場合、ウメやカキなどの落葉果樹なら晩秋から2月頃まで、常緑果樹なら春先、ブルーベリーなどの小果類なら9月頃の植えつけが理想です。

落葉果樹

ウメ、カキ、リンゴなど

常緑果樹

ウンシュウミカン、ビワ、ユズ、キンカンなど

小果樹類

ブルーベリー、ラズベリー、ブラックベリーなど

いい苗を手に入れる

果樹は野菜と違って、一度植えると数年から10〜20年以上栽培します。したがって最初の苗樹は、できるだけいいものを選びましょう。

いい苗を選ぶポイントは、何よりも信頼のおける店で購入することとです。具体的には「こまかい根がたくさん出ているもの」「つぎ木箇所が盛り上がっているもの」「芽や葉が充実しているもの」を選ぶとよいでしょう。

逆に、根が少なく、コブ状のふくらみがあったり、白い糸のようなものがついている苗は避けましょう。

主な庭先果樹の栽培カレンダー

果樹名	3月	4月	5月	6月	7月	8月	9月	10月	11月	12月	1月	2月	地域	樹の大きさ	つくりやすさ
ウメ	✿		収穫	収穫	収穫							✿	全	大〜中	○
スモモ類	✿✿			収穫	収穫								全	大〜中	○
ビワ				収穫						✿	✿		暖	大〜中	△〜○
ブルーベリー		✿	✿		収穫	収穫							全	小	○
ブドウ				✿✿		収穫	収穫						全	中	△〜○
リンゴ		✿✿					収穫	収穫	収穫				寒	大〜中	×〜△
カキ			✿✿					収穫	収穫				全	大〜中	○
キウイフルーツ			✿✿					収穫	収穫				全	中	○
カンキツ類			✿	✿		収穫	収穫	収穫	収穫	収穫			暖	中	○
イチジク				収穫	収穫		収穫	収穫	収穫				暖	中	○

✿…開花、■…収穫、全…全国でつくれる、暖…暖かい地域向き、寒…寒い地域向き、大…大木になる、大〜中…大木だけれどもコンパクトに育てられる、小…小低木、○…つくりやすい、△…ややつくりにくい、×…むずかしい

庭への植えつけかた（キウイフルーツ）

1 植えつけの2〜3か月前に、石灰150g/m^2を散布します

2 スコップで石灰と土をよく混ぜます

3 スコップで深さ30〜50cm、直径約40〜50cmの植え穴を掘ります

4 植え穴に、堆肥を2kg入れます

5 次に化成肥料を30g/m^2入れます

6 植え穴の半分くらいまで土を入れます

7 土と元肥《もとごえ》をよく混ぜます

8 植え穴の中央に苗を入れます

9 回りから土を入れて穴を埋めます

10 苗樹の根元にさらに土を盛り上げて鞍《くら》つきをつくります

11 苗樹のわきに長さ150cm程度の支柱を立てます

12 ひもで支柱に苗樹を誘引します

鉢植えで果樹を育てる

最近では、鉢植え用にあまり大きくならないように改良された果樹なども出回り、鉢植えでの果樹栽培が人気になっています。

果樹を鉢植えする場合、苗の大きさと比較して大き過ぎる容器を使うと根の張りが悪く、通気性も悪くなるので、適度な大きさの鉢に植えつけ、生長に合わせて大きい鉢に植え替えます。

また、鉢の深さは、株が安定するためにもなるべく深いものを準備します。

植え方や用土などは、基本的に野菜のコンテナ栽培と同じ（P.42～45）です。ただし、野菜よりも栽培期間が長いので、1年の間に用土の2～3割が消耗してしまいます。

そこで、新しい用土を増し土して、補ってやることが大切です。

一般的な素焼きの鉢

プラスチック製の容器

水やりについて

鉢植えでの水やりは、種類や季節によって違います。春から夏にかけてはたくさん水が必要になり、不足すると実が熟す前に落下したり、必要以上に葉が落ちてしまったりします。

特に、梅雨が明けたら朝夕の一日に2回ぐらい水やりをするように心がけましょう。

また、冬から春にかけては、落葉樹は降雨にまかせる程度にし、常緑樹は土が乾いたら水をやるようにします。いずれの場合も、水をやるときは鉢底から水が出てくるぐらいたっぷりと与えましょう。

仕立てかた

鉢植えの場合は、樹齢が若くても早くから実がつきます。種類によっては自然にまかせたままでも大丈夫ですが、ブドウなどのつる性の果樹や枝の細い果樹などは、支柱を立ててやることで株が安定します。

一般的なのは「あんどん仕立て」で、リングがついた市販の支柱を使うか、株の周りに支柱を立てて、ひもを渡して囲みます。

あんどん仕立て
植えつけ直後や、つる性の果樹の場合に有効な仕立てかたです

肥料の与えかた

鉢植えの場合、用土が少ないので、速効性の肥料をたくさん与えると、根を弱らせてしまいます。

ですから、肥料は徐々に効いてくる遅効性肥料を与え、1回に与える量を少なく、回数を多く与えるのが基本です。

また、肥料を与える時期は、萌芽《ほうが》して新《しん》梢《しょう》が伸びる春と、実を収穫して冬越えをさせる秋が一般的で、花芽ができる夏場は肥料を控えるようにします。

ただし、木が弱っているときなどは、液体肥料を施して、すぐに回復させることも大切です。

追肥のしかた
ひとつまみの化成肥料を、木の周りにまきます

鉢植えのしかた（ブルーベリー）

1 深さのある鉢にネットを敷きます

2 底が隠れるぐらいの鉢底石を入れ、平らにならします

3 果樹に合った用土を入れます
※ブルーベリーの場合は、酸性土を好むので、専用の用土を使います

4 鉢の中央に植え穴を掘ります

5 植え穴に苗を入れ、土を寄せて苗樹の根元をおさえます

6 鉢植えの完成です

クワ科

★★★

イチジク

乾燥に気をつけて育てれば大丈夫
ジャムやコンポートでいただきたい

「桝井ドーフィン」「ホワイトゼノア」など

1年目は1回、2年目以降は3回の追肥（化成肥料30g/m²）

土が乾き始めたら水やり

疫病（薬剤散布）
炭そ病（ベンレート水和剤1000倍を散布）
カミキリムシ（捕殺、枝を切除）

栽培の Q&A

Q 実が大きくならず、落ちてしまいます……

A 切り戻しをして樹勢を回復

イチジクは、年を経るごとに結果枝の先端のほうに実がつく性質があり、次第に新梢《しんしょう》が伸びなくなります。そのような場合は、結果母枝《けっかぼし》の切り戻し剪定を行い、樹勢の回復を図りましょう。

Q 幹に虫が食った跡があるのですが……

A カミキリムシを防除

犯人はカミキリムシでしょう。カミキリムシは、産卵から幼虫が幹に侵入する時期（7月頃）に、ガットサイドS（薬剤）を幹に塗って防ぎます。幼虫が幹に入ると捕殺できないので、注意して防除し、成虫を見つけたら捕殺しましょう。

栽培カレンダー	3月	4月	5月	6月	7月	8月	9月	10月	11月	12月	1月	2月
作業手順	植えつけ	植えつけ		夏果収穫	夏果収穫		秋果収穫	秋果収穫	秋果収穫			
					施肥		摘果		施肥			施肥
											整枝・剪定	整枝・剪定
病害虫	疫病	疫病		炭そ病	炭そ病							

1 植えつけ・剪定

3年目までは剪定して育てる

イチジクは土質は選びませんが、日当たりや水はけのよい場所で育てます。

植えつけの適期は3月です。市販の苗を購入し、浅植えにします。苗は細根のよく出ているものを選びます。

初年度は、地面から30〜40cmぐらいの高さで切り戻し、2年目の冬に2〜3本の主枝をそれぞれ40〜50cm程度残して剪定します。

3年目からは、2〜3芽を残して切り戻し剪定を行います。

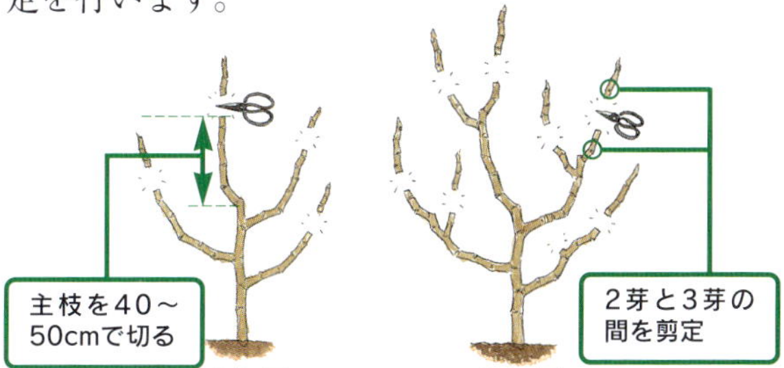
主枝を40〜50cmで切る
2芽と3芽の間を剪定
2年目
3年目

鉢植えでの育てかた

栽培

3月に植えつけ、葉が落ちるまでは日当たりがよく、風通しの少ない場所で育てます。3〜6月、10〜11月は土が乾燥したら水やりし、夏場の7〜9月は、乾燥が激しいので油断禁物です。

剪定

植えつけ後、30〜40cmの高さで切り戻し、2〜3本の主枝を伸ばし、各1〜2本の結果枝を伸ばします。枝元から2芽を残して剪定します。

実つき

新梢《しんしょう》に2〜3個残して摘果します。2〜3年に1回は植え替えをします。

2 追肥・実のつきかた・収穫

新梢の2〜3節以降の結実

初年度は新芽が出はじめたら、化成肥料を30g/m^2与えます。2年目以降は、新芽が出る前（2月頃）と、最盛期の7月頃、収穫後の3回、同量の追肥をします。

春に新梢が伸び、そのつけ根の2〜3節以降が花芽分化して結実します。果実がついたら、1枝に8〜10個の果実を残して枝先の幼果を摘果します。

果実の先端に食用油を塗布すると、7〜10日ほど早く熟すことが知られています。

収穫は赤く熟したものから順に摘み取ります。

枝のつけ根の2〜3節以降に実がつきます。実の先端（赤くなっているところ）に食用油を塗ると早く熟します

★★★

ウメ

春に咲く花の美しさが魅力
梅干しや酒などいろいろ利用できる

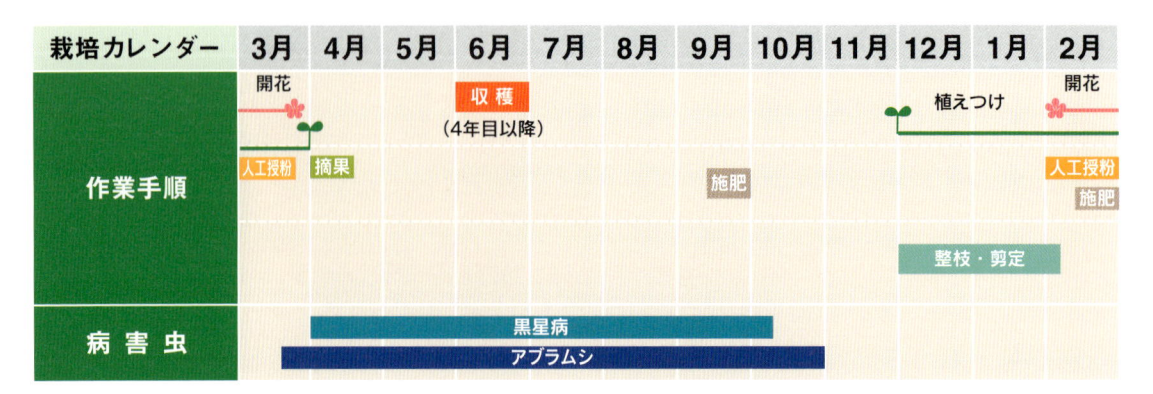

「甲州最小」「白加賀」「玉英」など

2月下旬と9月下旬に追肥(化成肥料30g/m^2)

土が乾いたら水やり

黒星病（実を取り除き、トップジンM水和剤600倍を散布）
アブラムシ(スミチオン乳剤1000倍を散布)

栽培のQ&A

Q 梅の果実からヤニが出ています

A
ホウ素欠乏が原因です。ホウ素の補給と堆肥などの有機物を毎年散布してください。そうすれば、年々少なくなってきます。また、果実からヤニが出にくい品種もありますし、さらに天候によって左右されることもあるので、対策をして2～3年ぐらい様子を見てください。

Q ウメの葉が縮れて巻いています

A アブラムシを防除
収穫期でなければ、DDVP乳剤1000倍液を散布し防除します。収穫期ならば、収穫後に薬剤を散布して対処しましょう。

栽培カレンダー	3月	4月	5月	6月	7月	8月	9月	10月	11月	12月	1月	2月
作業手順	開花 人工授粉	摘果		収穫 （4年目以降）			施肥			植えつけ 整枝・剪定	整枝・剪定	開花 人工授粉 施肥
病害虫	アブラムシ	黒星病 アブラムシ	黒星病 アブラムシ	黒星病 アブラムシ	黒星病 アブラムシ	黒星病 アブラムシ	黒星病 アブラムシ	黒星病 アブラムシ	アブラムシ			

1 植えつけ・切り戻し

12～3月に植えつける

栽培には、年間平均気温が11～12℃以上の地域で、排水のよい土か砂壌土が適しています。逆に、2～3月の開花期に－4℃以下になる場所や北風が当たる場所などは向きません。

植えつけは12～3月頃に行い、開花の遅い自家受粉する品種を植えつけます。また、相性のよい受粉樹を近くに植えると実がつきやすくなります。

植えつけ後に支柱を立てて誘引し、表土から60～70cmぐらいの高さで切り戻します。

植えつけ後は、2か月に1回のペースで化成肥料30g/m^{2}を追肥します。

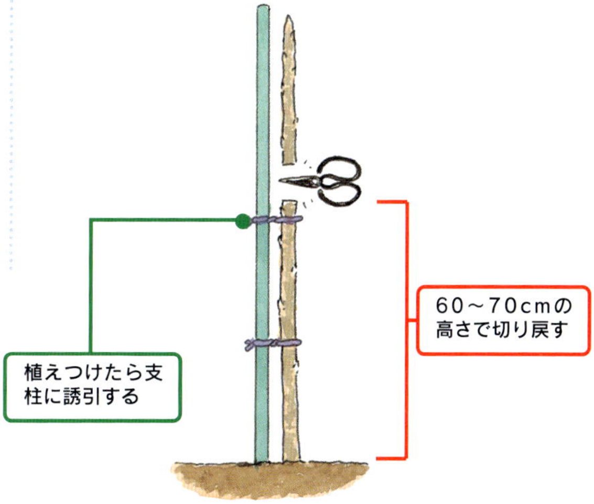

60～70cmの高さで切り戻す
植えつけたら支柱に誘引する

2 2年目の剪定

新梢《しんしょう》の先端を切り詰めて剪定

2年目以降は、2月下旬と9月下旬に同量の化成肥料を追肥します。

2年目の冬になったら、主枝から伸びた新梢を、2～3本残して切り取ります。

残した2～3本の主枝を、先端から1/3ぐらいのところで切り詰めます。

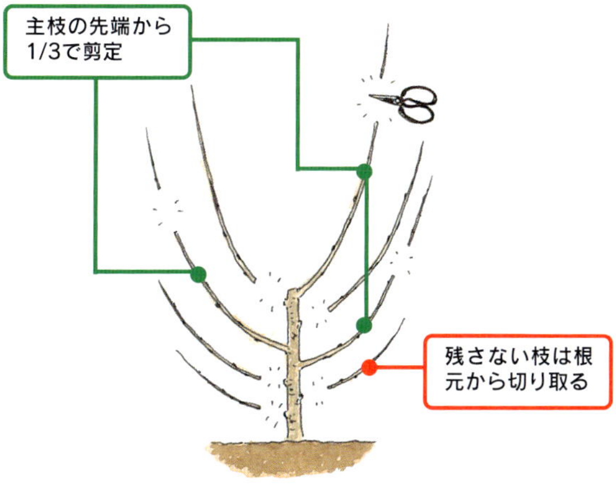

主枝の先端から1/3で剪定
残さない枝は根元から切り取る

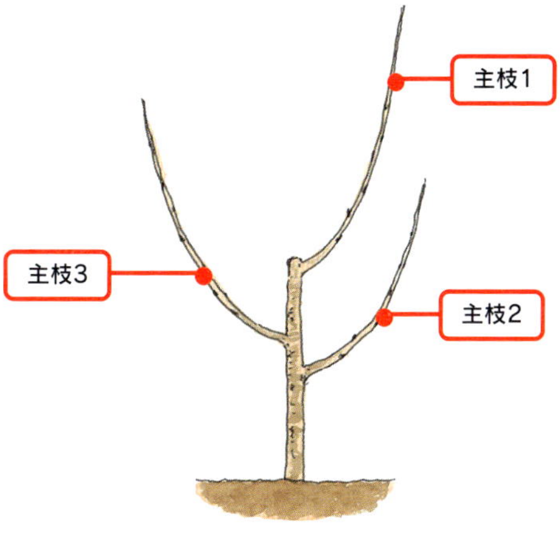

主枝1
主枝3
主枝2

3 3年目の剪定

結果枝を伸ばしていく

3年目になったら、春に主枝から伸びてくる枝を切り取りますが、開花結実する亜主枝の候補は残し、先端から1/3ぐらいのところで切り詰めます。

冬になったら、主枝の先端から1/3ぐらいのところで切り詰めます。主枝の幹から出る徒長枝はなるべく切り取ります。

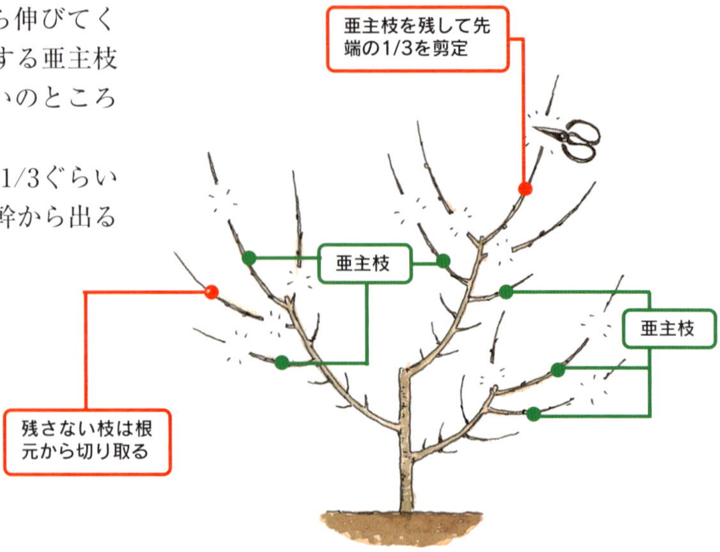
亜主枝を残して先端の1/3を剪定
亜主枝
亜主枝
残さない枝は根元から切り取る

4 4年目の剪定

樹形を完成させる

4年目になったら、亜主枝を増やします。3年目で伸ばした亜主枝から、1mぐらい間隔をあけて反対側の亜主枝を伸ばします。

また、中央の主枝から伸びた新梢の先端を1/3切り詰めて、樹形を完成させます。

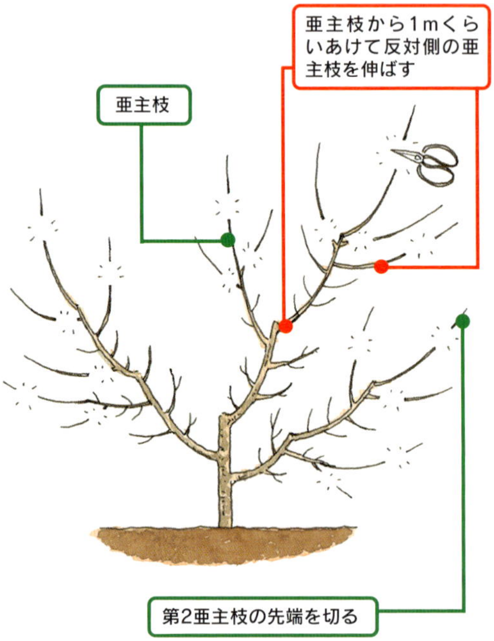
亜主枝から1mくらいあけて反対側の亜主枝を伸ばす
亜主枝
第2亜主枝の先端を切る

5 開花・人工授粉

結実のために人工授粉をする

栽培されている多くの品種は、花粉を出さないものが多く、自家受粉する品種以外は、収穫するために人工授粉が欠かせません。

人工授粉は、花粉のある花を摘み取って開花している花の雌しべに直接こすりつけたり、筆やはけなどで花粉をつけて行います。

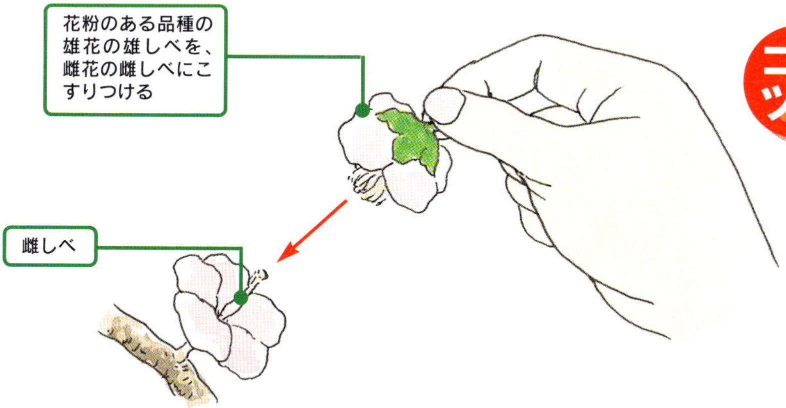
花粉のある品種の雄花の雄しべを、雌花の雌しべにこすりつける
雌しべ

6 結実・摘果

5〜10cm間隔に摘果する

3年目ぐらいの枝に結実してきますが、実が多くついた枝は、果実同士が5〜10cmの間隔があくように、摘果します。

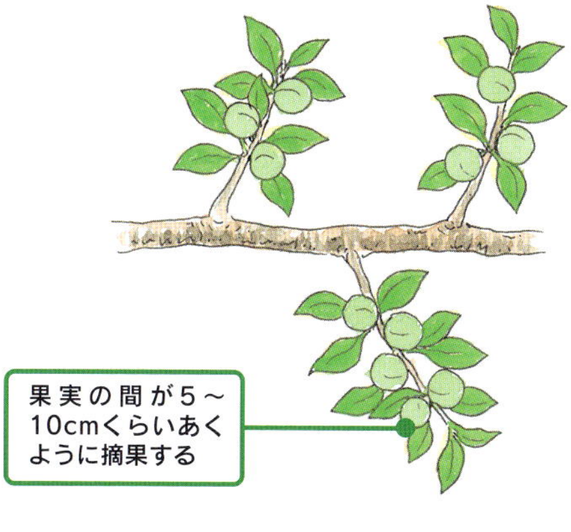
果実の間が5〜10cmくらいあくように摘果する

鉢植えでの育てかた

栽　培

12〜3月に、苗樹を傾けて（60度前後）植えつけます。日当たりのよい場所で育て、冬は室内に入れて暖かい環境で育てると早く生長します。土が乾いたら水やりし、2月と10月の2回、緩効性の化成肥料10gを追肥します。

剪　定

植えつけ後、苗樹の傾きと反対側に出ている芽の上で切り戻します。2年目は新梢を先端から1/2で剪定し、側枝は先端から1/3で剪定します。3年目は鉢の高さの3倍くらいで主枝を切り詰め、余分な側枝を剪定して樹形を整えます。

実つき

1枝に6〜7個を残して摘果します。

ミカン科

★★

ウンシュウミカン

日本生まれのウンシュウミカン 比較的つくりやすい常緑果樹

- 「宮川」(早生)「大津4号」「青島」「温州」など
- 2か月に1回の追肥(化成肥料30g/m^2)
- 土が乾いたら水やり
- ハダニ(ケルセン乳剤を散布)
  カイガラムシ(マシン油乳剤を散布)

栽培のQ&A

Q 植えつけても花が咲きません

A 徒長枝を剪定する

通常は3～4年で開花・結実しますが、剪定のミスではないでしょうか。徒長枝を残すような剪定を行っていませんか？　徒長枝には花がつきにくいので、伸ばしすぎないように注意します。また、肥料を控えめにすると花つきがよくなりますので、秋から冬の肥料を抑えてみましょう。

Q 果実がゴマをふりかけたようになっています

A カイガラムシを防除

ヤノネカイガラムシが原因です。収穫を終えた後、12月～1月にマシン油乳剤を散布して防除しましょう。

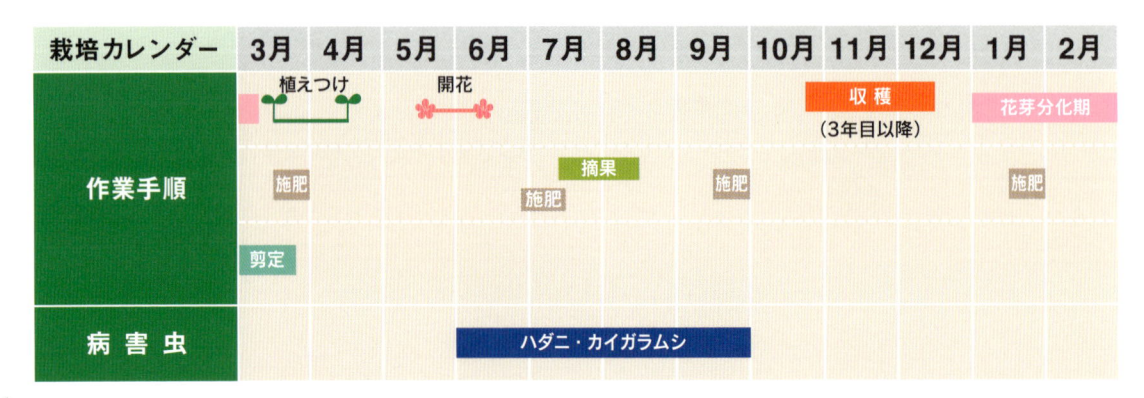

栽培カレンダー	3月	4月	5月	6月	7月	8月	9月	10月	11月	12月	1月	2月
作業手順	植えつけ		開花						収穫(3年目以降)		花芽分化期	
	施肥				施肥・摘果		施肥				施肥	
	剪定											
病害虫				ハダニ・カイガラムシ								

1 植えつけ

3～4月に植えつける

関東付近では、秋から冬にかけて生育適温よりも気温が低くなるので、10月中旬頃から収穫でき、あまり大きくならない早生系の品種が適しています。

生育すると枝が大きく広がりますので、十分な広さを確保して植えつけます。

植えつけの適期は3～4月頃です。2～3年生の苗樹を手に入れ、元肥《もとごえ》を施して植えつけます。根元から40～50cmぐらいの高さで切り戻し、支柱を立てて誘引し、苗樹が倒れないようにします。

根づいたら、下側の主枝2本をひもで主幹に誘引し、横に広げます。

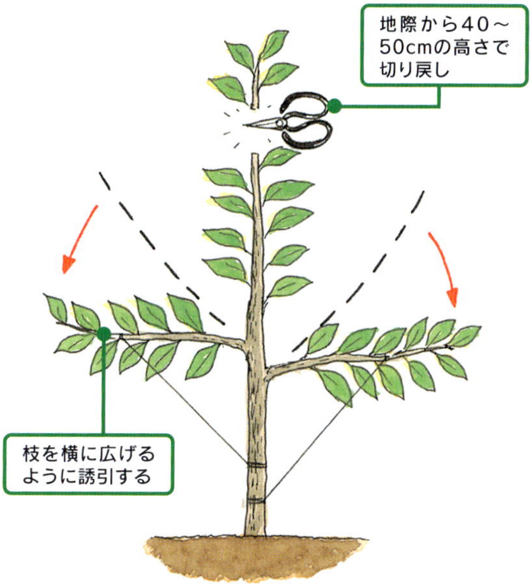
地際から40～50cmの高さで切り戻し
枝を横に広げるように誘引する

2 2年目の剪定

枝が伸びる前に整枝

2年目は、春になったら剪定してまんべんなく日が当たるようにします。

夏と秋の間に、植えつけ時に切り戻したところから新梢《しんしょう》が伸びてきますので、先端から1/3ぐらいを切り落とします。

また、下側の主枝はひもで誘引してなるべく水平に伸ばすようにします。水平に伸びて枝の先端がたれ下がるぐらいに生育したら、たれ下がる部分から剪定して樹形を整えます。

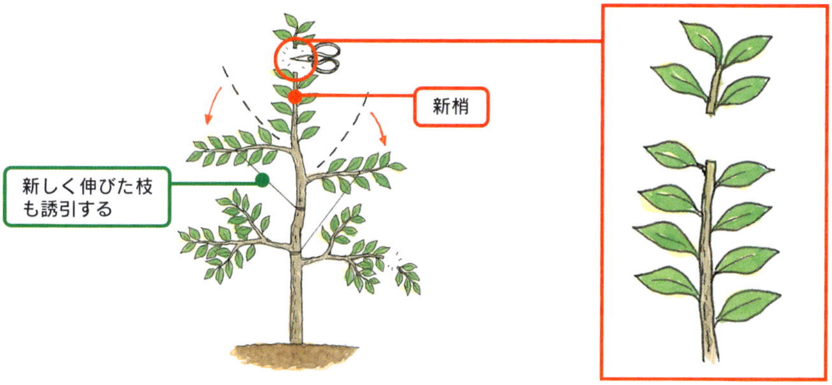
新梢
新しく伸びた枝も誘引する
新梢の先端は1/3ぐらいの長さで剪定する

3 3年目以降の剪定

結果枝を伸ばしていく

3年目ぐらいで樹形もほぼ完成しますので、葉や枝が混んでいる箇所を剪定して、日当たりを確保します。剪定は2年目と同じように、春先に行います。

ミカン類は樹勢がよいので、剪定をしないと枝葉がかなり混んでしまいます（写真は15年樹）

ばっさりと剪定をして、日当たりと風通しをよくすることで、品質のよい実ができます

4 摘　果

幼果を間引いて品質を高める

植えつけから2年目までは、実がついていてもすべて摘み取ってしまいます。

3年目ぐらいから本格的に結実しますので、摘果をして品質を高めます。実をつけすぎると1つの果が大きくならず、翌年に実がつかないこともありますので、必ず摘果します。

7月中旬～8月中旬頃に、一つの果実につき葉が40～50枚になるぐらいを目安に摘果します（普通系の品種は一つの果実に30枚の葉を目安にします）。

1果につき、葉が30枚程度になるように摘果します

摘果をしないと実がつきすぎてしまい、品質のよい果実が収穫できません

5 追肥・収穫

2か月に1回の追肥

3年目までは、発芽前の春から11月頃までに、2～3か月に1回の頻度で、1回につき30g/m²の化成肥料を追肥します。

実がつきだしたら、3月上旬、6月下旬、9月下旬に同量の化成肥料を追肥します。夏場にあまり追肥をすると、酸味の強い実ができるので注意しましょう。

収穫は、早生系なら10月中旬頃、中生・晩生系なら11月中旬～12月頃に、果皮が色づいたものから順次摘み取って収穫します。

早生系なら多少果皮が青くても、中身は熟していますので食べられます。少し遅めに収穫すると甘みの強い果実が味わえます。

1 色づいた果実の果《か》梗《こう》を、なるべく短く切って収穫します

2 早生系なら多少果皮が青くても中身は熟しています

6 冬越え

敷きわらや落ち葉で防寒対策

冬期に気温が0℃以下になるような地域の場合、寒さで根や株が凍害にあわないように、防寒対策を行います。

やりかたは、樹の根元にわらを敷いたり、落ち葉を敷いてやればよいでしょう。

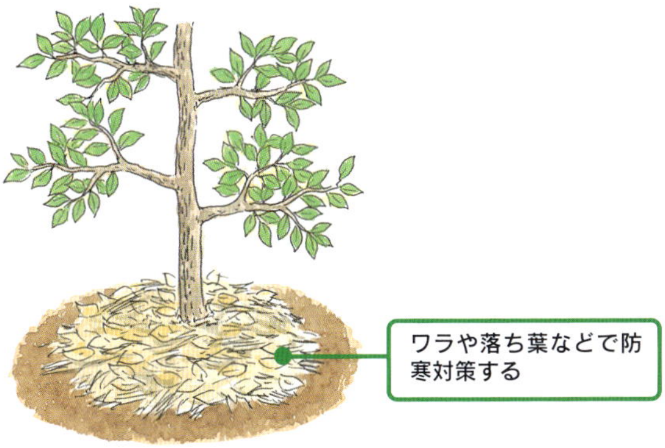
ワラや落ち葉などで防寒対策する

鉢植えでの育てかた

植えつけ

日当たりがよく、北風の当たらない場所で栽培します。植えつけは3月頃に行い、鉢に苗樹を植え、鉢の深さと同じぐらいの高さで切り戻します。鉢植えの場合、4～5年生の苗を植えつけると、翌年から収穫できます。

栽　培

水やりは土が乾いたら行い、乾きやすい春と夏は、日に2回ぐらい行います。秋～冬は水を控えめにします。追肥は春と秋に緩効性肥料を10g施します。果実が色づいたら収穫です。

剪　定

2～3年目は主枝3本を伸ばし、春になったら夏の間に伸びた新梢を切ります。また、下側の主枝のたれ下がった部分は切り落とします。夏になったらひもで誘引して枝を横に広げ、樹高は鉢の高さの2.5～3倍までにとどめます。

カキノキ科

★★

カキ

1本植えればたくさん収穫できる
収穫まで時間はかかるが長く楽しめる

- 「西村早生」「富有」「次郎」「禅寺丸」など
- 植えつけ2年目から追肥（化成肥料30g/m^2）
- 乾燥が続くようなら水やり
- 落葉病（トップジンM水和剤を散布）
  ヘタムシ（スミチオン乳剤かパダンSG水和剤を散布）

栽培のQ&A

Q　実が落ちてしまい、ヘタのところに虫にやられた跡があります……

A　ヘタムシを防除

ヘタムシの被害でしょう。6月と8月が防除の適期なので、スミチオン乳剤かパダンSG水溶剤1500倍を散布します。

Q　昨年は豊作だったのに、今年は実がよくつきません……

A　摘果と剪定をして収量を調整

隔年結果という現象です。前の年に実をつけすぎると、翌年に収量がガクンと落ちてしまいます。株の疲れが原因ですから、摘果と剪定をして毎年平均的に収穫するように調整しましょう。

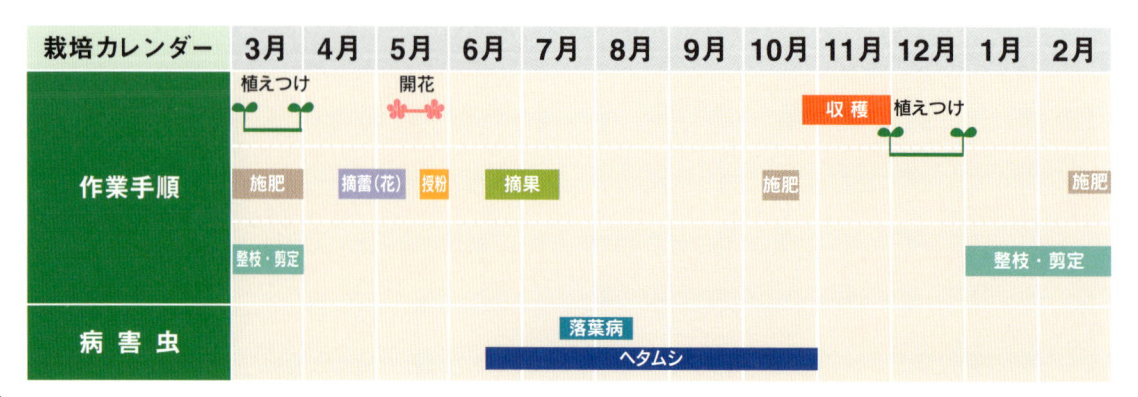

栽培カレンダー	3月	4月	5月	6月	7月	8月	9月	10月	11月	12月	1月	2月
作業手順	植えつけ		開花					収穫		植えつけ		
	施肥	摘蕾（花）	授粉	摘果				施肥				施肥
	整枝・剪定										整枝・剪定	
病害虫				ヘタムシ	落葉病							

1 植えつけ・剪定

12月か3月に植えつける

カキは、関東以西の暖地での栽培が適し、日当たり、水はけ、通気性のよい場所を好み、湿気が多いとうまく育ちません。

植えつけ適期は落葉した12月か3月で、小根がたくさん出ている一年生の苗樹を植えつけます。

カキは根を深く伸ばしますので、50～60cmぐらいの深い植え穴を掘り、根を広げるようにして植えつけます。

植えつけ後は高さ60～70cmぐらいのところで切り戻します。

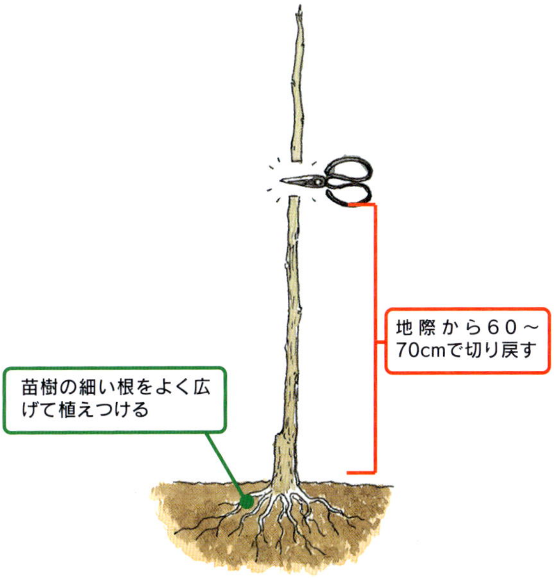
地際から６０～70cmで切り戻す
苗樹の細い根をよく広げて植えつける

2 2～3年目の剪定

冬に新梢《しんしょう》を切り詰め剪定

2～3年目は、1～3月の葉が落ちる時期に、新梢の先端を1/3ほど切り詰めながら、樹形を整えていきます。

2年目の冬に、植えつけ時に切り戻した主幹の新梢を、先端から1/3のところで切り落とします。その際に、芽をよく見て枝の内側についてる芽のすぐ上で切るようにします。

その他の側枝は根元から切り落とします。

3年目の冬は、同様に新梢の先端から1/3のところで切り詰め、この年に伸びた側枝も根元から切り落とします。

また、2年目以降は、3月と10月に化成肥料を30g/m^2程度施します。

2年目

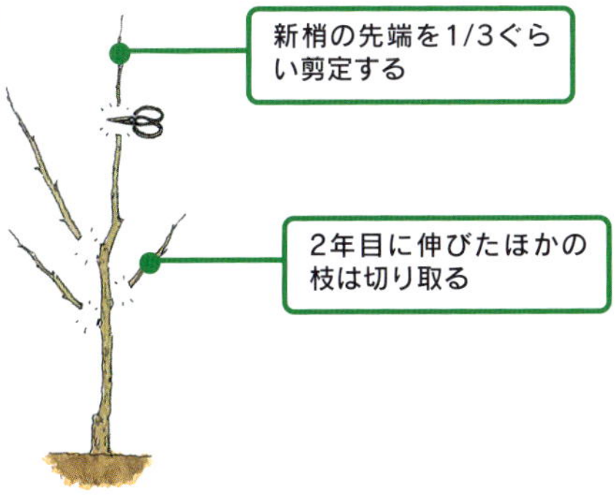
新梢の先端を1/3ぐらい剪定する
2年目に伸びたほかの枝は切り取る

3年目

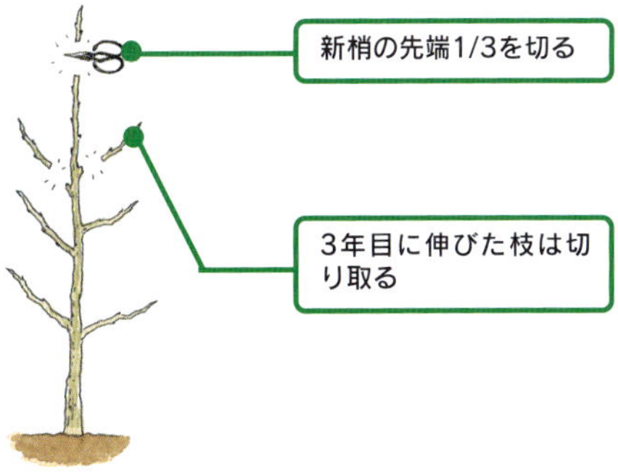
新梢の先端1/3を切る
3年目に伸びた枝は切り取る

3 4〜5年目の剪定

先端を切り詰めて樹高を止める

4年目の冬は、今までと同様に新梢の先端を1/3ぐらいで切り詰め、不要な側枝を根元から切り落とします。

5年目になったら、冬に2年枝の先端を切り、3m程度を目安に樹高を止めます。以降、毎冬同じ場所を剪定して樹高が高くならないようにします。

前年の枝には実がつかないので、枝の先端を切り落として、新しい結果母枝に更新します。

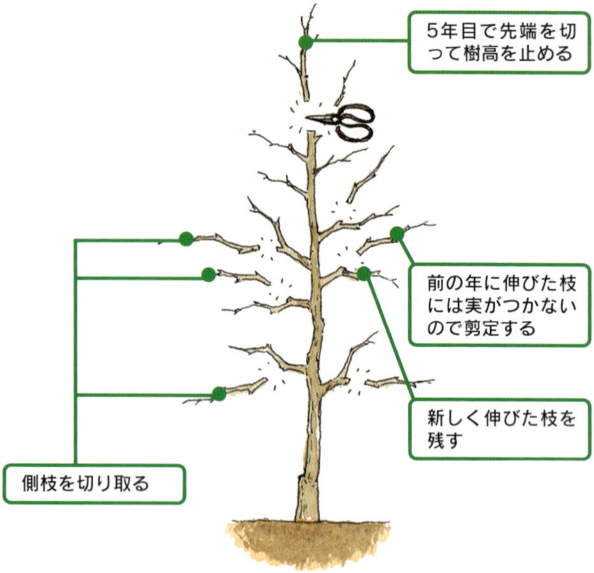
5年目で先端を切って樹高を止める
前の年に伸びた枝には実がつかないので剪定する
新しく伸びた枝を残す
側枝を切り取る

4 人工授粉

受粉樹を側に植えるか、鉢植えで準備

「富有」や「次郎」など、雄花ができない品種は、人工授粉で結実させます。

5月下旬頃の開花期に入って雌花が咲いたら、1〜2日のうちに、つりがね状の小さな雄花を摘み取ります。手で押して花粉を搾り取って綿棒やはけなどにつけ、めしべに授粉します。

また、人工授粉をしない場合は、「禅寺丸」「西村早生」「御所」「筆柿」などの、花粉を出す品種を近くに植えるか、鉢植えで準備します。

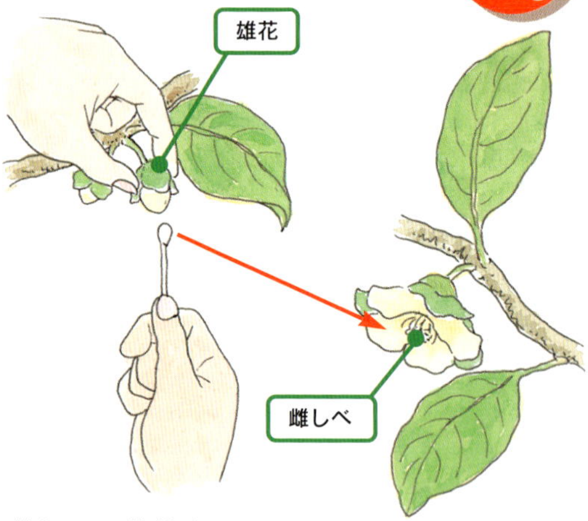
雄花
雌しべ

雄しべの花粉をつけて、
雌しべにこすりつける

5 摘花・摘果

摘花《てきか》・摘果《てきか》をして大きな実に育てる

カキは生理落花といって、自然に未熟果を落として隔年結果を防ぐ性質があるので、果実を大きく育てるために、へたの小さい花や幼果を間引く作業をします。

果実の大きさは、蕾のうちにできるへたの部分の大きさに左右されるので、4月下旬頃、雌花が開花する10～15日前までに、へたの大きいものを残して一枝に3花を目安に摘花します。

7月上旬頃に、幼果が肥大してきたら、15～20枚の葉につき、一つの果実にするように摘果します。

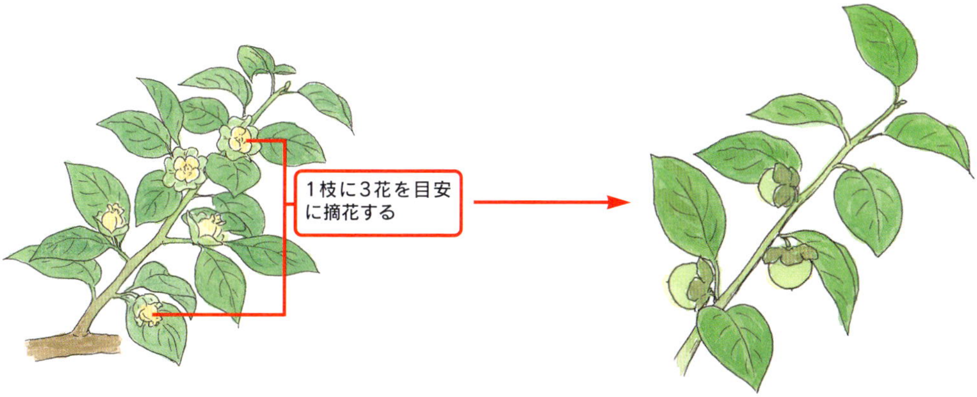

6 渋抜き

渋ガキでも渋を抜けば甘くなる

果実が色づいたら、果梗《かこう》をハサミなどで切って収穫します。

渋ガキの場合、収穫したらへたが乾かないうちに、へたの部分を25度以上のアルコール（焼酎など）に浸します。軽くふき取ってからポリ袋に密閉し、室温で1～2週間置くと渋が抜けます。

へたの部分に焼酎などをつけ、ポリ袋に入れて渋抜きする

鉢植えでの育てかた

植えつけ

半日は日が当たる場所で、2年生の苗樹を60度前後傾けて鉢植えします。植えつけ後、鉢と同じぐらいの高さで切り戻します。

栽　培

開花期や果実の肥大期（5～8月）には土が乾かないように水やりします。追肥は1年目は新芽が出たら化成肥料10gを与え、2年目以降は1、6、10月の3回追肥します。収穫は色づいた果実から順次摘み取ります。

剪　定

2年目の冬に、それぞれの枝を半分の長さに剪定します。その際に、枝の伸びている方向と逆向きの芽のすぐ上で剪定しましょう。3年目は6～7月頃に側枝を誘引して横に伸ばし、落葉期に新梢を先端から1/3ぐらいで切り詰めます。

マタタビ科

★★

キウイフルーツ

棚をつくってつるを這わせれば ガーデニングとしても楽しめる

「ヘイワード」「アボット」（雌樹）
「マツア」「トムリ」（雄樹）

3月と収穫後に追肥（化成肥料30g/m^2）

葉がしおれるようなら水やり

軟腐病（トップジンM水和剤を散布）
ハマキムシ（捕殺、スミチオン乳剤を散布）

栽培のQ&A

Q 実がなかなかやわらかくならず、ようやくやわらかくなっても甘くなりません

A 収穫後に追熟させる

キウイフルーツは、収穫してから熟させる果物の代表で、樹にならせたまま熟させても甘くなりません。11月頃に、果皮が緑色から茶色になった頃に収穫し、それから熟させる（追熟《ついじゅく》）と甘みが出ます。緑色の果を追熟させても甘みは出ませんので、適期の収穫と追熟が大切です。

栽培カレンダー	3月	4月	5月	6月	7月	8月	9月	10月	11月	12月	1月	2月
作業手順			開花						植えつけ →	植えつけ	植えつけ	← 植えつけ
									収穫（4年目以降）			
	施肥			摘果	摘果				施肥			
			芽かき		剪定						整枝・剪定	整枝・剪定
病害虫				軟腐病	軟腐病	軟腐病	軟腐病	軟腐病				
				ハマキムシ	ハマキムシ							

1 苗選び

雌樹と雄樹の2本必要

キウイフルーツは寒さにも強く、日本では青森県ぐらいまでなら栽培可能ですが、安定して収穫するには、関東以西での栽培が適しています。

また、雄花しか咲かない雄樹と、雌花しか咲かない雌樹に分かれていて、それぞれが交配しないと結実しない珍しい果樹です。

キウイフルーツを育てる場合、雌樹と雄樹をセットでそろえます。それぞれの品種は、雌樹で4品種、雄樹で2品種が代表的ですから、それぞれ好みのものを選ぶようにしましょう。

成功するコツ!

キウイフルーツの主な品種と特徴

雌品種	
ヘイワード	一番普及している実が大きい品種。甘み控えめでやや淡白な味わい
アボット	果実がやや小さいが、実つきがよく甘みが特に強い
ブルーノ	細長い形で、甘みは控えめ。実が締まり切ったときの断面が美しい
モンティ	香りが強く実つきのよさが特徴。2年目から収穫できる

雄品種	
マツア	雄花の着花が多く、開花期が長いのが特徴
トムリ	同　上

2 植えつけ

11～2月に植えつけ

庭木でキウイフルーツを育てる場合、市販の棚につるを這わせる棚仕立てが栽培しやすいでしょう。少なくとも2m×2mぐらいの棚で栽培するように考えて植えつけ位置を決めます。

植えつけの2か月前に、幅80cm、深さ50cmの植え穴を掘り、苦土《くど》石灰50g、堆肥2kg、ヨウリン50gの元肥《もとごえ》を投入しておきます。

植えつけは11～2月の間に行いますが、11月下旬に植えつけるのが最適です。

植えつけ後は、40～50cmぐらいで切り戻し、支柱を立ててひもで誘引しておくようにします。

1 植え穴に苗を入れます

2 苗樹の根元に土を盛り、鞍《くら》つきにします

3 支柱を立ててひもで誘引します

3 棚仕立て（2年目）

植えつけ2年目に棚を設置

2年目の冬になったら、市販の棚などを立て、雌樹と雄樹をそれぞれ違う支柱に誘引します。

棚の上までつるが伸びてきたら、棚下の枝は根元から切り取り、棚の上の新梢はなるべくまっすぐ伸ばすようにして、生育に合わせてこまめに誘引します。

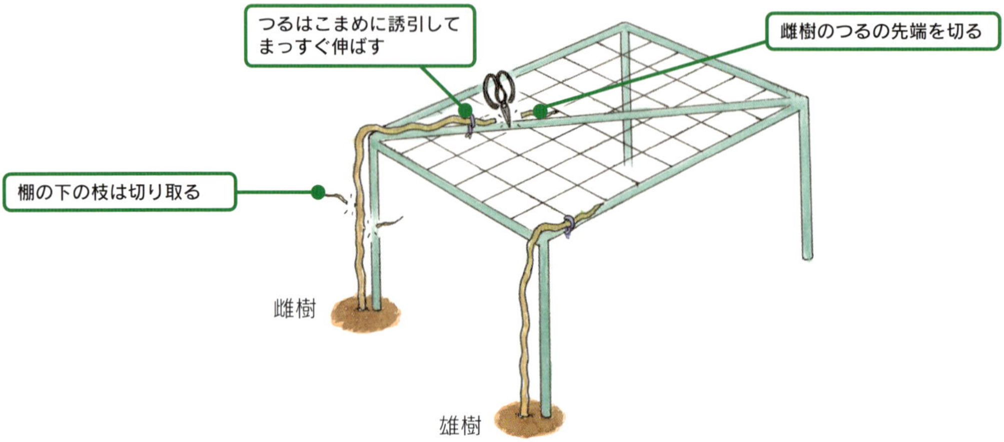
つるはこまめに誘引して
まっすぐ伸ばす
雌樹のつるの先端を切る
棚の下の枝は切り取る
雌樹
雄樹

4 3年目の剪定

雄樹は主枝の1本仕立てに

3年目の冬頃に、雌樹の枝は巻きつかせずに、棚の上を這うように誘引しながら、誘引箇所の少し先で、つるの先端を剪定します。

雄樹は、主枝1本に仕立て、側枝が伸びてきたら根元から切り取り、誘引してなるべくまっすぐに主枝を伸ばします。

雌樹はこの後、主枝から60cm間隔ぐらいで亜主枝を伸ばし、そこから母枝、結果枝をつくっていきます。

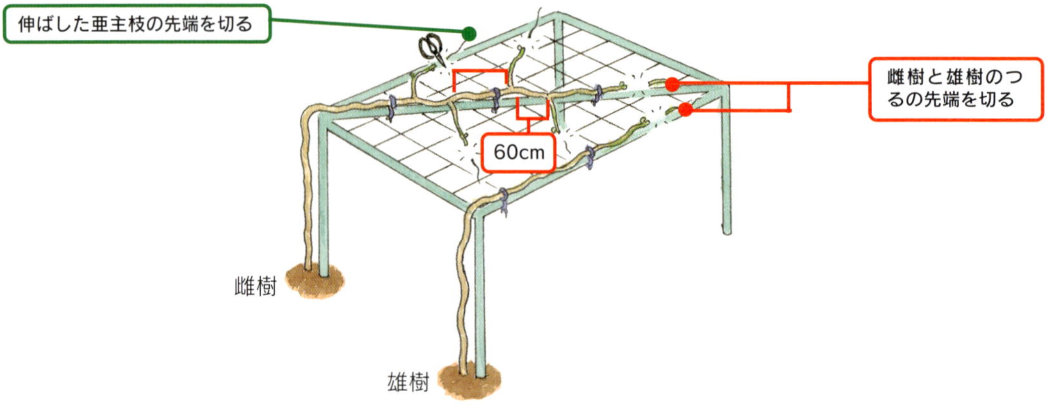
伸ばした亜主枝の先端を切る
雌樹と雄樹のつるの先端を切る
60cm
雌樹
雄樹

5 4年目の剪定・摘果

1株に20個を目安に摘果

4年目以降になり、つるがだいぶ繁ってきたら、混んでいる枝葉を剪定して、棚下に木漏れ日が差す程度に保ちます。

5月頃から開花し、結実してきたら6〜7月にかけて、1果に対して葉が5〜6枚ぐらい、1株に20果ぐらいを目安に摘果します。

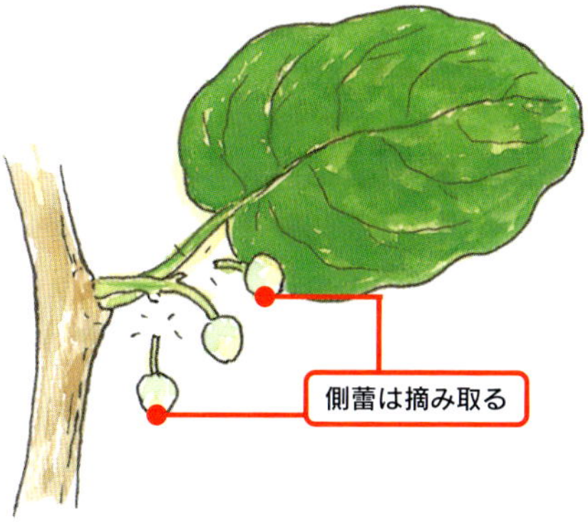

1株に20果を目安に摘果する

6 収穫

収穫後は冷暗所で保存

収穫は11月になり、霜の降りる直前が適期です。果実を握り、親指で果梗をおすと簡単に収穫できます。

収穫後は、シートを敷いたダンボール箱などに入れ、冷暗所で14〜20日前後保存し、熟してから食べます。リンゴやバナナなどを一緒に入れておくと、早く熟します。

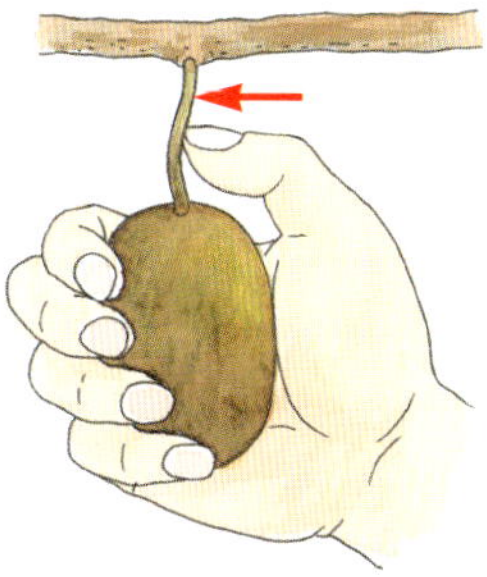

親指で果梗をおして収穫する

鉢植えでの育てかた

植えつけ

日当たりがよく、西日が当たらない場所で栽培します。3月頃に苗樹を鉢植えし、根元から2芽を残して切り戻します。その後、支柱を立てて誘引し、2年目は新梢《しんしょう》が巻かないようにします。

栽　培

水やりは、新芽がで始め、葉が落ちるまでは、土の表面が乾いたら水やりします。追肥は、春の芽がで始める時と収穫後に、化成肥料10gを与えます。雌花が着花したら、五分咲きの時と満開時の2回、人工授粉をします。

仕立て

3年目の春にあんどん型に支柱を立て、5〜8月頃までに伸びた新梢を誘引します。着果したら1枝に2〜3個、1鉢に8〜10個を目安に摘果します。

ミカン科

★★★

キンカン

ニッポウキンカン

寒さに強く省スペースでできる
庭木に最適なキンカン

ナガキンカン

「ニッポウキンカン」「ナガキンカン」など

3月、7月、10月に追肥（化成肥料30g/m²）

土が乾燥してきたら水やり

ハダニ（ケルセン乳剤を散布）
カイガラムシ（マシン油乳剤を散布）

栽培のQ&A

Q 実がついたのですが、実の色づきにばらつきがあり、収穫しても甘くないものがあるのはなぜですか？

A 色づいたものから順に収穫する

ウンシュウミカンなどと違い、キンカンは日を追って果実の着色が進み、一斉に収穫しようとすると、甘みにばらつきがでます。収穫期が12月～翌年の2月頃ですので、少し手間はかかりますが、着色し熟した果実から順に収穫すれば、甘いものがとれます。

栽培カレンダー	3月	4月	5月	6月	7月	8月	9月	10月	11月	12月	1月	2月
作業手順	植えつけ				開花					収穫	収穫	収穫
作業手順	施肥				施肥		摘果	施肥				
作業手順	剪定											
病害虫				ハダニ・カイガラムシ	ハダニ・カイガラムシ	ハダニ・カイガラムシ	ハダニ・カイガラムシ					

1 植えつけ・剪定

3月に植えつけ、春に剪定

3月頃に、北風の当たらない日当たりのよい場所に苗樹を植えつけ、40～50cmの高さで切り戻します。

3～4年生の苗を植えつけると、翌年ぐらいから開花結実します。

2年目の春に、伸ばす枝を決め、新梢《しんしょう》をそれぞれ先端から1/3ぐらいの長さで切り詰めます。

3年目以降の春に、伸びた新梢を先端から1/3ぐらい切り詰め、混んだ枝葉は間引き剪定をします。主枝よりも下から伸びる側枝は根元から切り取ります。

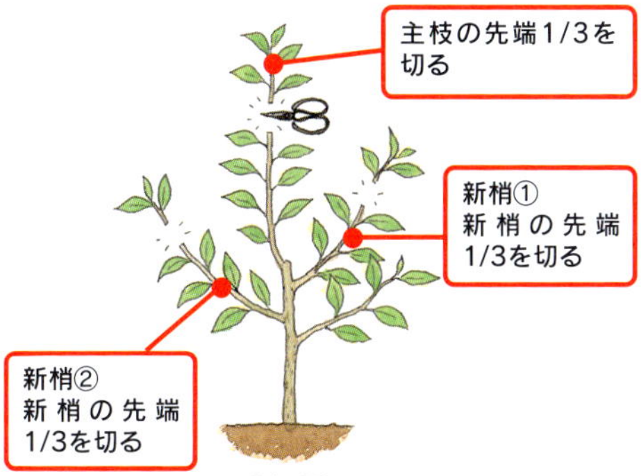
主枝の先端1/3を切る
新梢①
新梢の先端1/3を切る
新梢②
新梢の先端1/3を切る
2年目

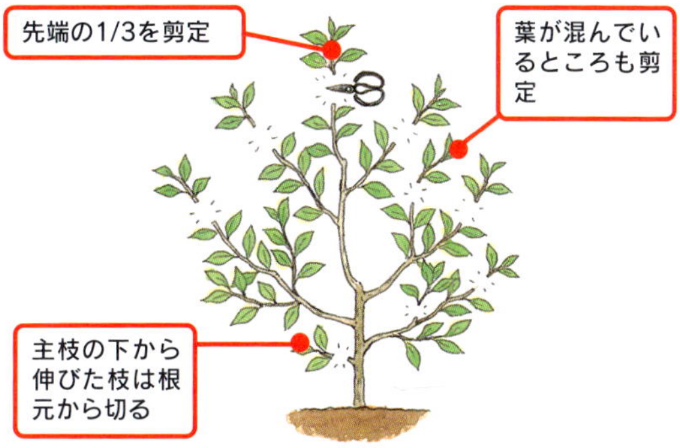
先端の1/3を剪定
葉が混んでいるところも剪定
主枝の下から伸びた枝は根元から切る
3年目

2 追肥・摘果・収穫

2～3果を残して摘果

追肥は、春（3月）、開花後（7月）、秋（10月）にそれぞれ、化成肥料30g/m^2を施します。

新梢の先端に花芽分化し、翌年に開花結実して1か所にいくつも実をつけますので、大きい果実を2～3果残して摘果します。

植えつけ後3年以上経過したら、12月下旬頃になって**果皮が黄色くなった果実を収穫します。**

大きい果実を2～3果残して摘果する

鉢植えでの育てかた

植えつけ

日当たりのよい場所で栽培します。3月に3～4年生の苗樹を鉢植えし、鉢と同じ高さで切り戻します。

栽　培

水やりは、鉢土が乾いたら行います。2月～10月の間、2か月に1回の頻度で、化成肥料10gを与えます。実がつくようになったら、1枝に2～3果、1鉢で10～15果を目安に摘果します。

仕立て

2年目以降、春に新梢を先端から1/3の長さで切り詰め、混んだ枝葉を間引き剪定して樹形を整えます。植えつけ後、実がつくようになったら、2～3年に1回は植え替えます。

バラ科

★★★

スモモ類

写真：山梨県農政部果樹食品流通課

完熟したスモモの甘みと香りは格別
豊富な品種が選べるのも魅力

「大石早生」「ソルダム」「シュガー」など

3月初旬、10月初旬に追肥
（化成肥料30g/m²）

土が乾燥してきたら水やり

フクロミ病（薬剤を散布）
カイガラムシ（マシン油乳剤を散布）
アブラムシ（スミチオン乳剤を散布）

栽培のQ&A

Q 実がでこぼこになって、しまいには落ちてしまいました……

A カメムシを防除

カメムシなどの被害です。見つけたら捕殺するか、スミチオン乳剤を散布して防除します。ただし、実が落ちても虫などの被害が見つからない場合は、生理的落果ですから、人工授粉、剪定をしっかりと行うことが必要です。

Q 葉がこぶ状になっていますが病気でしょうか？

A 薬剤を散布してフクロミ病を防除

フクロミ病による被害と思われます。3月頃に、石灰硫黄合剤を散布して防除に努めます。

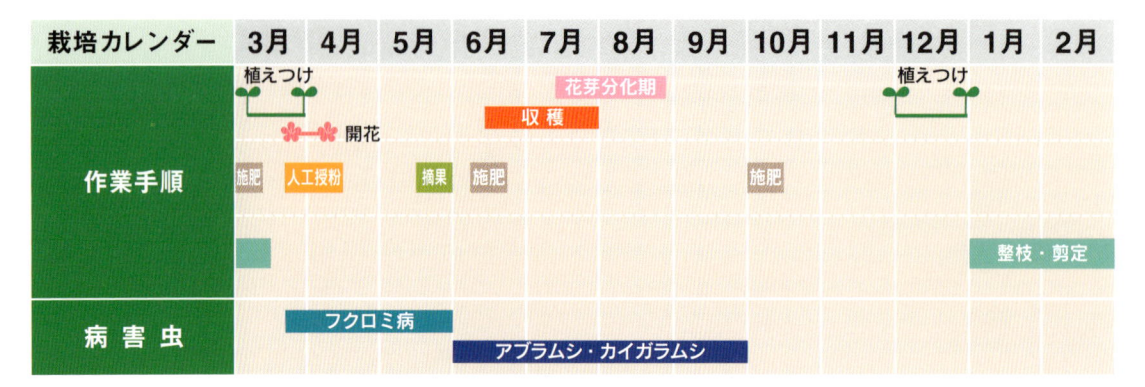

栽培カレンダー	3月	4月	5月	6月	7月	8月	9月	10月	11月	12月	1月	2月
作業手順	植えつけ	開花		収穫	花芽分化期					植えつけ		
	施肥	人工授粉	摘果	施肥				施肥				
											整枝・剪定	
病害虫		フクロミ病		アブラムシ・カイガラムシ								

1 植えつけ・剪定

12月か3月に植えつけ

12月か3月に苗樹を植えつけ、日当たりのよい場所で育てます。植えつけ後、70～80cmの高さで切り戻します。

2年目は主枝を3本伸ばし、冬になったら先端から1/3ぐらいで切り詰めます。また、下2本の主枝はひもで誘引して広げます。

3年目は主枝を5本にし、冬になったら新梢《しんしょう》をそれぞれ先端から1/3切り詰めます。

4年目以降は、冬に長く伸びた主枝や、上に伸びる側枝を切り詰め、樹形を整えます。また、樹高は2.5～3mにとどめて、主幹を切ります。

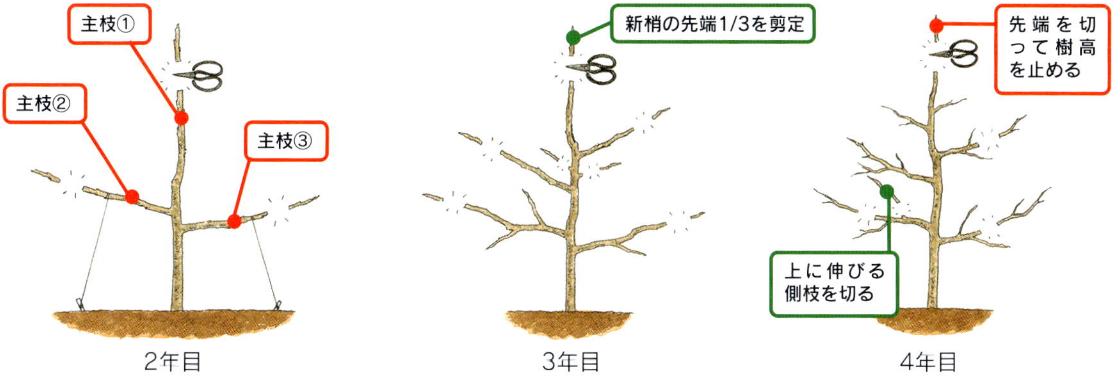
主枝①
主枝②
主枝③
2年目
新梢の先端1/3を剪定
3年目
先端を切って樹高を止める
上に伸びる側枝を切る
4年目

2 追肥・受粉・摘果《てきか》・収穫

日本スモモは人工授粉する

追肥は、3月と10月に化成肥料30g/m^2を施します。実がつくようになったら、6月中旬にも追肥します。

日本スモモの多くは自家不結実なので、相性のよい品種を側に植えるか、ウメやアンズの花粉を利用して、人工授粉します。西洋スモモは自家受粉する品種を植えます。

実がつき親指大になったら、枝先に近いものを残して摘果します。短い枝なら1果、長い枝なら2～4果を目安にします。

収穫は、実が完熟したものから順次取ります。

鉢植えでの育てかた

植えつけ

スモモ類は植え替えをしないのでなるべく大きな鉢を用意し、3月に苗樹を60度前後傾け、鉢と同じ高さで切り戻します。

栽　培

水やりは、鉢土が乾いたら行います。追肥は花芽がつかないうちは2～6月の間、月に1回化成肥料10gを与えます。花芽がついてからは3月と10月に追肥します。

仕立て

2年目以降、冬に新梢を先端から1/3の長さで切り詰めます。混んだ枝葉を間引き剪定して樹形を整え、樹高は鉢の高さの約3倍までにして主幹の先を切り詰めます。

ミカン科

★★

ナツミカン

大粒の果実を実らせるが
鉢植えでも十分に栽培できる

- 「紅アマナツ」「川野夏ダイダイ」「新甘夏」など
- 3月、6月、10月に追肥（化成肥料30g/m^2）
- 土が乾いたら水やり
- ハダニ（ケルセン乳剤を散布）
  カイガラムシ（マシン油乳剤を散布）

栽培のQ&A

Q 収穫期の直前になって落果してしまいました……

A 低温が原因

ナツミカンなどの晩柑橘類は、冬の低温によって落果したり、果実に苦みが出ることがあります。収穫適期は5月ですから、低温にあたらない地域で栽培するか、2月下旬〜3月頃に収穫期を迎えるアマナツなどを栽培するようにしましょう。

Q 新芽がよじれてしまいました

A ミカンハモグリガを防除

見つけ次第捕殺するか、スミチオン乳剤を1〜2週間に1回のペースで、2回ほど散布しましょう。

栽培カレンダー	3月	4月	5月	6月	7月	8月	9月	10月	11月	12月	1月	2月
作業手順	植えつけ		開花									
	収穫											収穫
	施肥			施肥	摘果	摘果	摘果	施肥				
	剪定											
病害虫			ハダニ・カイガラムシ	ハダニ・カイガラムシ	ハダニ・カイガラムシ	ハダニ・カイガラムシ	ハダニ・カイガラムシ					

1 植えつけ・剪定・追肥

3月に植えつけ

3月、北風にさらされない南側で、日当たりがよい場所に苗樹を植えつけます。苗樹は3〜4年生ですと、楽に育てられます。植えつけ後は、60〜70cmの高さで切り戻します。

2〜3年目は、3月に剪定をします。主枝を5本ぐらい伸ばし、新梢《しんしょう》を先端から1/3で切り詰めます。

6〜7月に誘引して、主枝を横に広げます。

追肥は、3月に春肥え、6月に夏肥え、10月に秋肥えとして、それぞれ緩効性の化成肥料を30g/m²施します。

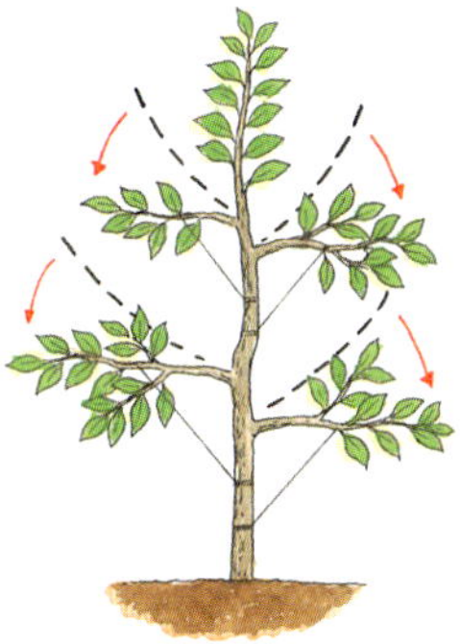

主枝を誘引して枝を横に広げる

剪定して4年目ぐらいで樹形を完成させる

2 摘果《てきか》・収穫

摘果して大きな果実を育てる

しっかりと育った主枝の新梢の先端が花芽分化し、翌年になってそこから伸びた新梢の先端に開花結実します。

実がついたら、7〜9月に幼果を摘果し、最終的に葉70枚につき1果になるようにします。

寒冷地でなければ、2〜3月頃に実が熟すので、適期を迎えた果実から収穫します。

1年枝の先端に結実する

鉢植えでの育てかた

植えつけ

大型の鉢に3月頃に植えつけ、鉢と同じ高さで切り戻します。

栽　培

水やりは、鉢土が乾いたら行います。2月下旬と10月に緩効性肥料を、6〜8月は液体肥料を与えます。着果後は、1鉢に2〜3果を目安に摘果し、適期になった実を収穫します。

仕立て

2年目以降、春に新梢の先端を1/3ぐらい切り詰め、下側の主枝をワイヤーなどで横に広げます。実がつきだしたら、混んでいる枝葉を間引き剪定し、樹高は鉢の高さの約3倍までにおさえて主幹の先を切り詰めます。

バラ科

★★

ビワ

田中

大房

写真：千葉県農業総合研究センター

実は生食、葉は煎じて利用
手もかからず育てやすいビワ

「茂木」「田中」

春、夏、秋の3回追肥（化成肥料20g/株）

乾燥が続くようなら水やり

クワカミキリムシ類（捕殺）
ゾウムシ類（袋かけで防除）

栽培のQ&A

Q 実がたくさんついたのですが、どれも小ぶりで、大きくなりません。なぜですか？

A 摘蕾《てきらい》・摘果《てきか》して大きく育てる

ビワは、一つの果房に10〜20果ぐらい、樹全体では100果ぐらいつきます。すべてを実らせてしまうと、一つ一つが大きく育ちません。ですから、花が咲く前に摘蕾をし、実がつき始めた頃にさらに摘果をして、一つの果実を大きく育てるようにしましょう。

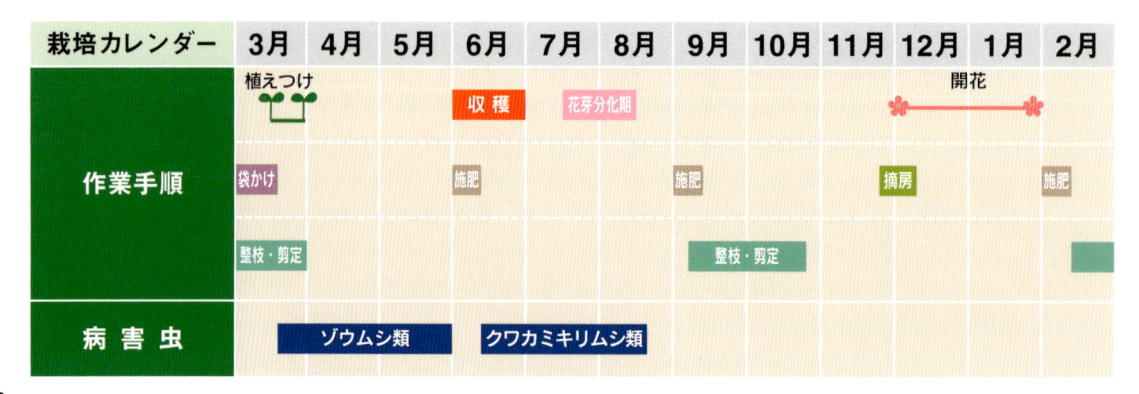

栽培カレンダー	3月	4月	5月	6月	7月	8月	9月	10月	11月	12月	1月	2月
作業手順	植えつけ			収穫	花芽分化期	花芽分化期				開花	開花	開花
	袋かけ			施肥			施肥			摘房		施肥
	整枝・剪定						整枝・剪定	整枝・剪定				整枝・剪定
病害虫		ゾウムシ類	ゾウムシ類		クワカミキリムシ類	クワカミキリムシ類						

1 植えつけ・追肥・剪定

3月下旬に植えつけ

3月下旬に苗樹を植えつけ、支柱を立てて誘引します。

植えつけ後、根づくまでは水やりします。

追肥は、2月上旬に春肥え、6月上旬に夏肥え、9月上旬に秋肥えとして、化成肥料を30g/m^{2}程度施します。

2年目以降は、冬に主枝を2～3本残して他の枝を根元から切り落とし、残した主枝の新《しん》梢《しょう》は、先端から1/3ぐらいで切り詰めます。その後は毎年冬に、混み合う枝葉を間引き剪定します。

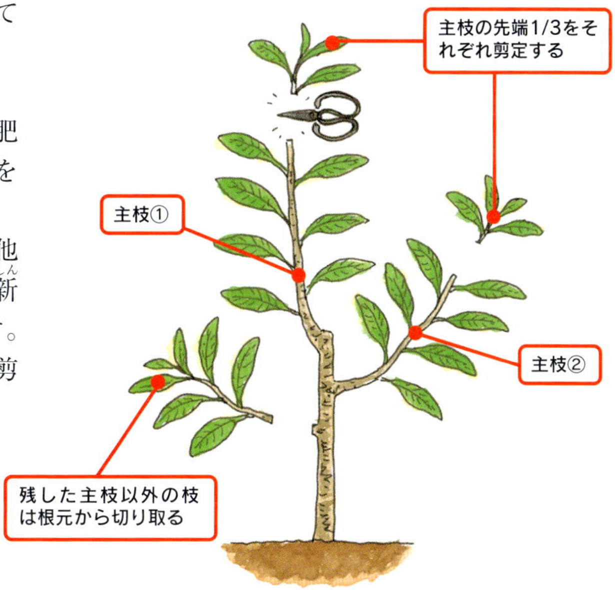

主枝の先端1/3をそれぞれ剪定する
主枝①
主枝②
残した主枝以外の枝は根元から切り取る

2年目

2 摘果・袋かけ・収穫

果実に袋をかけておいしい実をつくる

花房がついたら、下の2段を残して切り取ります。開花結実したら、**花房一つにつき、葉が10枚ぐらいを目安に摘果します。**「茂木」なら3～5個、「田中」なら2個を目安にします。

3月頃に果実が肥大してきたら、雨による裂果や害虫による被害を防ぐために、果実に袋をかけて防除します。

収穫は6月、きれいな橙色になったものから摘み取ります。

成功するコツ

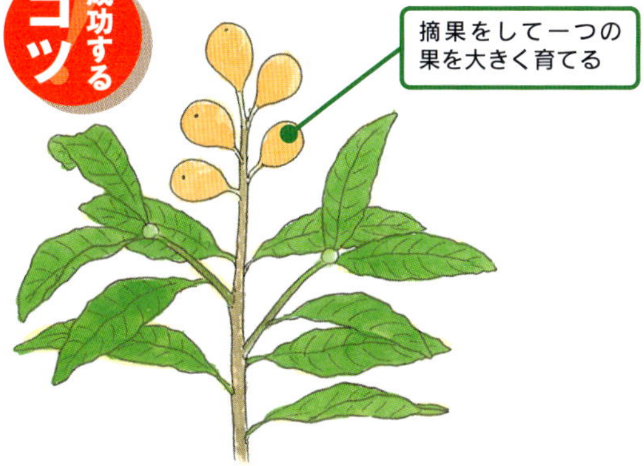

摘果をして一つの果を大きく育てる

たくさんの実がつくので摘果をしないと一つ一つの実が大きく育たない

ブドウ科

★★★

ブドウ

収穫も栽培期間も長く楽しめ 小粒種なら庭木でも育てられる

「デラウエア」(小粒種)
「スチューベン」(中粒種) など

2月下旬と10月上旬に追肥 (化成肥料 30g/m²)、12月に有機質肥料を追肥

乾燥が続くようなら水やり

黒とう病 (トップジンM水和剤を散布)
ウドンコ病 (ベンレート水和剤を散布)

栽培のQ&A

Q 種なし種のデラウエアを育てていますが、収穫した実に種が入っていました……

A ジベレリン処理をする

デラウエアを種なしだと思っている人は多いのですが、庭木で育てると種ができてしまうことも珍しくありません。種なしの果実を収穫するためには、ジベレリン処理（コップに薬剤を入れて花房を浸たす作業）を行う必要があります。開花する2週間前（種なしにする）と、開花した2週間後（果実を肥大させる）の2回、花房をジベレリンで処理します。

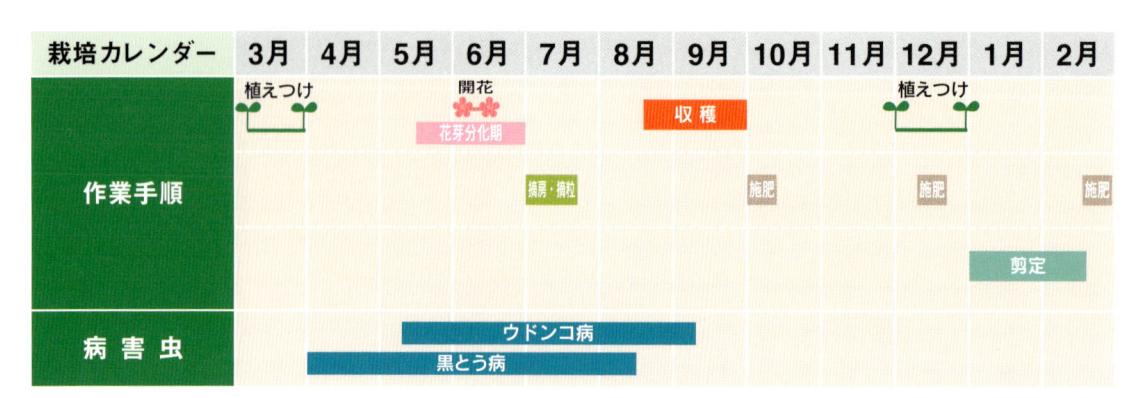

栽培カレンダー	3月	4月	5月	6月	7月	8月	9月	10月	11月	12月	1月	2月
作業手順	植えつけ		花芽分化期	開花		収穫				植えつけ		
					摘房・摘粒			施肥		施肥		施肥
											剪定	
病害虫			ウドンコ病									
		黒とう病										

1 植えつけ・誘引・追肥

12月か3月に植えつけ

ブドウは通気性がよく、排水性のよい土壌が適しています。植えつける場所は風通しがよく、日当たりのよい場所を選びます。

また、つる性でかなり拡がるので、スペースに余裕を持って場所を考えましょう。

植えつけ適期は12月か3月頃で、植えつけの3か月前までに苦土《くど》石灰で酸度調整し、元《もと》肥《ごえ》を投入した畑に、直径約40～60cm、深さ30～40cmの植え穴を掘って苗樹を植えつけます。

植えつけ後は支柱を立てて誘引し、毎年2月下旬と10月上旬に化成肥料$30g/m^2$、12月に有機質肥料を施します。

1 直径約40～50cm、深さ30～40cmの植え穴に苗樹を入れて、穴を埋めます

2 土を盛り、鞍つきにします

3 支柱を立てて誘引します

2 棚仕立て

生育のよい主枝1本を伸ばす

庭木で栽培する場合、市販の棚などにつるを這わせる棚仕立てが便利です。

その場合、高さ2mぐらいの市販の棚を準備します。植えつけた苗樹を、棚の支柱に誘引し、下から3～5芽残して切り戻して、新梢《しんしょう》を伸ばします。

棚に届くまでは、側枝を切り落として主枝1本で、誘引しながら育てます。

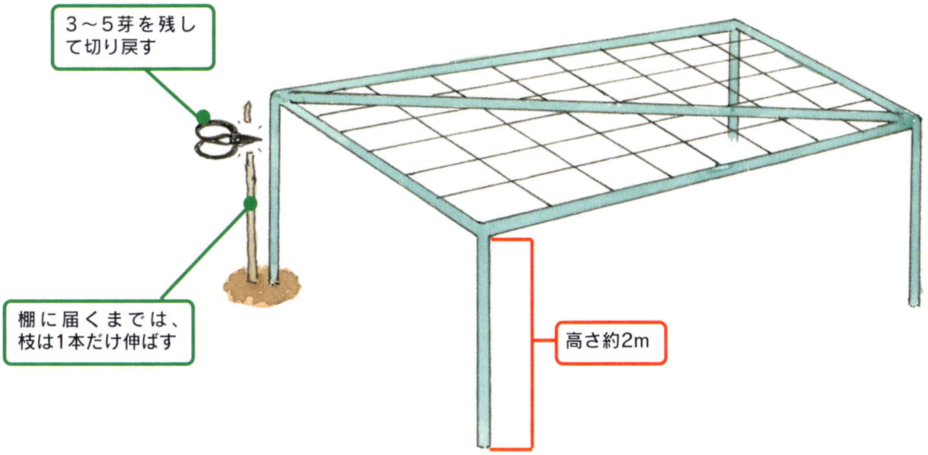
3～5芽を残して切り戻す
棚に届くまでは、枝は1本だけ伸ばす
高さ約2m

3 2年目の剪定

2本の主枝を伸ばす

2年目に入り、主枝の先が棚まで伸びたら、棚の上で主枝の先端を切り詰め、側枝を伸ばしていきます。

棚がある程度広い場合は、棚下（支柱の部分）から出る側枝を1本残して伸ばし、主枝を2本に育てます。

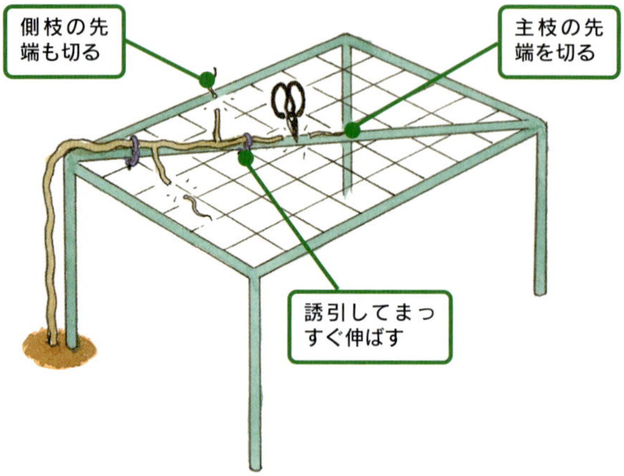

側枝の先端も切る
主枝の先端を切る
誘引してまっすぐ伸ばす

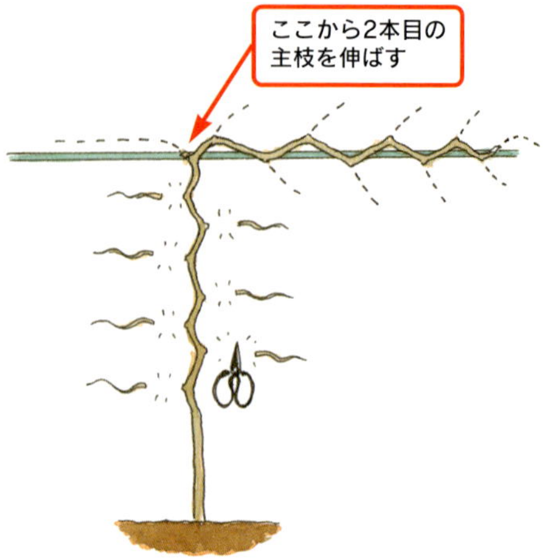

ここから2本目の主枝を伸ばす

4 3年目の剪定

2芽を残して先端を切り戻す

3年目に入り、新梢に花芽がついたら、冬の間に根元から2芽を残して、2芽と3芽の中間で切り戻して側枝を出させます。

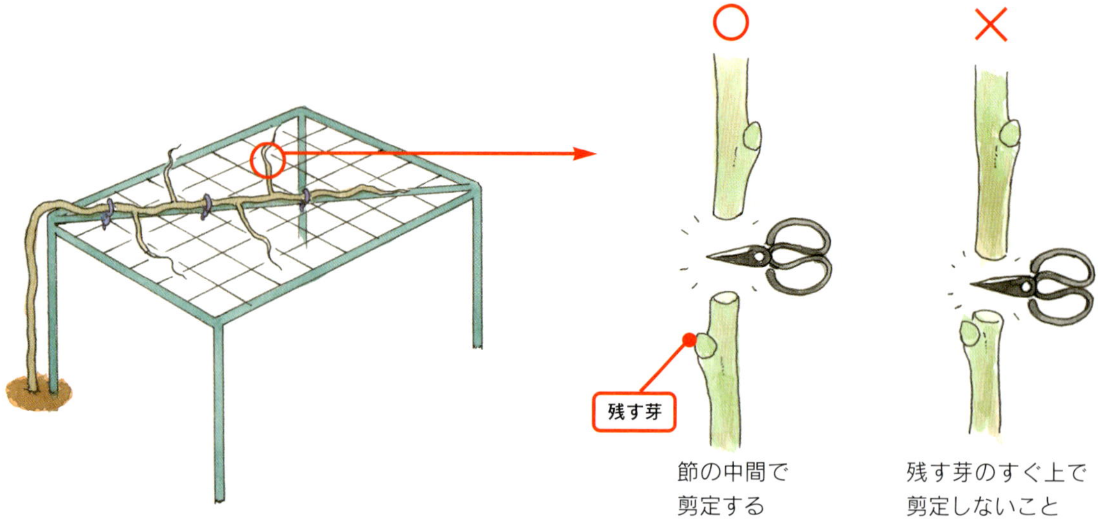

○
×
残す芽
節の中間で剪定する
残す芽のすぐ上で剪定しないこと

5 4年目の剪定・摘果

7〜8芽を残して切り戻す

4年目で樹形をほぼ完成させます。**3年目と同じように、冬の間に新梢に花芽がついたら、根元から7〜8芽を残して、先端を切り戻します**。以降、毎年同じ要領で剪定を行います。

小さめの棚なら、2〜3芽を残して切り戻してもよいでしょう。

また、2年目に主枝を2本伸ばした場合は、3年目〜4年目にかけて、主枝をそれぞれ2本に分けて伸ばし、最終的に4本の主枝に育てます。

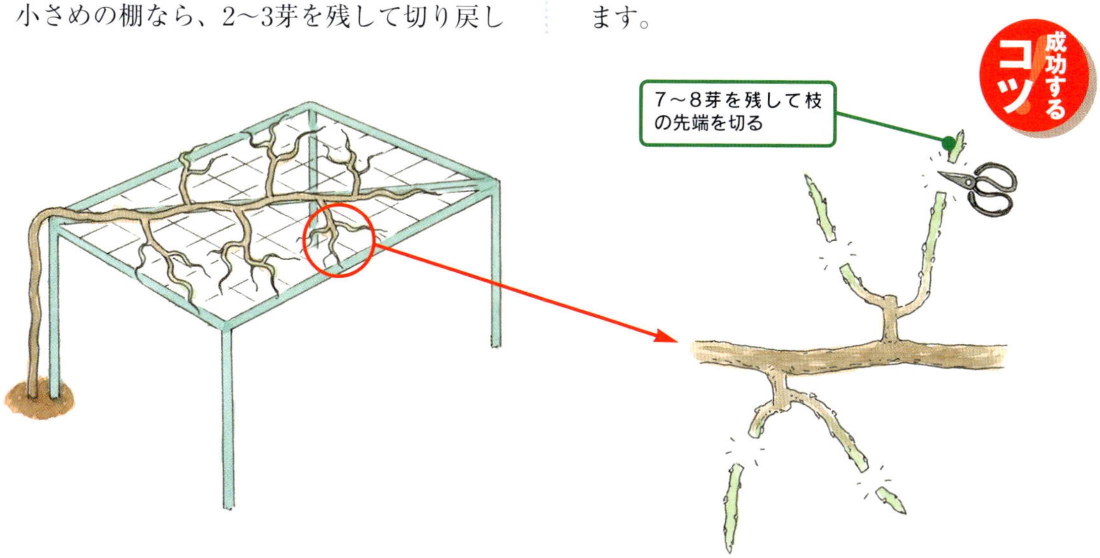
成功するコツ
7〜8芽を残して枝の先端を切る

主枝を2本伸ばした場合の剪定のしかた

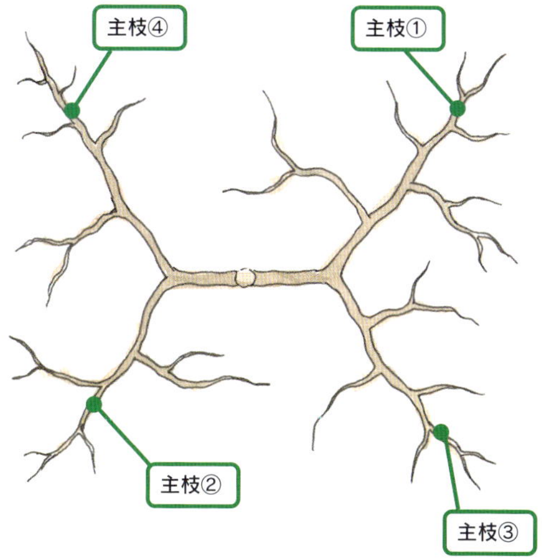
主枝④
主枝①
主枝②
主枝③

主枝をそれぞれ2本ずつに増やして、主枝を4本にする

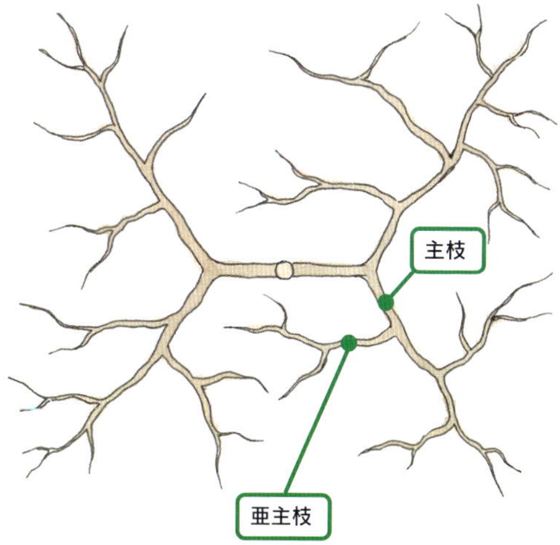
主枝
亜主枝

主枝から亜主枝を伸ばして開花結実させる

ツツジ科

★★

ブルーベリー

小さなスペースでも育てられる 一度は育てたい果樹の人気者

- 「アーリーブルー」（ハイブッシュ系） 「ホームベル」（ラビットアイ系）など
- 春、夏、秋の3回追肥（酸性肥料30g/m^2）
- 乾燥しないように水やり
- 鳥による食害（ネットをかけて防除） イラガ（捕殺、スミチオン乳剤を散布）

栽培のQ&A

Q　1株で育てているのですが、実のつきがよくありません……

A　違う品種と一緒に育てる

ブルーベリーは、自家不和合性といって自分の花粉では果実ができにくいので、受粉用に別の品種が1株必要です。ただし、ハイブッシュ系とラビットアイ系の組み合わせではなく、同じ系統内の中から2品種を選びましょう。

Q　苗樹の生長がよくありません

A　土壌の酸度調整をする

鹿沼土やピートモスなどの土壌改良材と有機物で、ブルーベリーの適正な土壌pH（pH4.5〜5.0）に調整した土づくりを行いましょう。

栽培カレンダー	3月	4月	5月	6月	7月	8月	9月	10月	11月	12月	1月	2月
作業手順	植えつけ（3月〜4月）	開花（4月〜5月）			収穫（3年目以降）（6月〜8月）		植えつけ（9月〜12月）					
				施肥			施肥		施肥			施肥
	整枝・剪定										整枝・剪定（1月〜2月）	
病害虫				鳥害・イラガ（6月〜9月）								

1 植えつけ

乾燥しないように土壌調整

植えつけは、9月から12月上旬、もしくは3月頃に行います。

直径約40cm、深さ30cmの植え穴を掘ります。ブルーベリーは、乾燥と水はけの悪さに弱いので、植え穴にピートモスをバケツ1杯分ほど投入し、土とよく混ぜます。苗樹を植えつけたら、根元をピートモスやおがくずなどでマルチングしておきます。

また、**2品種以上を並べて植えると、結実しやすくなります。**

植えつけ以降は、乾燥しないようにしっかりと水やりをします。

バケツ1杯のピートモスを土に混ぜる

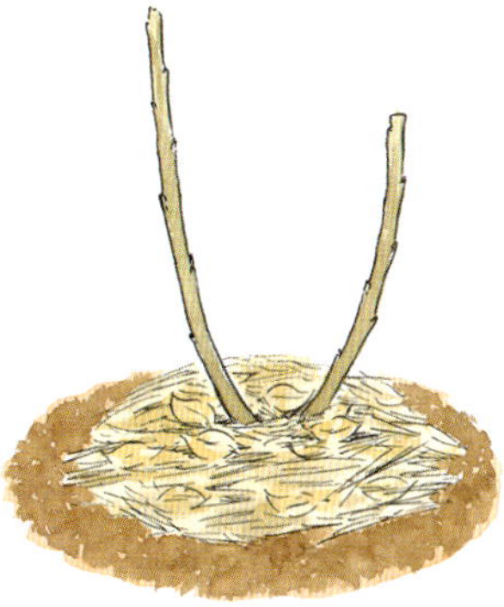

マルチングする

2 2〜3年目の剪定・追肥

幼樹の頃はあまり剪定しない

2年目はまだ苗樹が若いので、あまり剪定はせずに、細い側枝や、内側に向って伸びるような枝を根元から切り落とします。花芽も摘み取り、生育を促します。

また、2月下旬、6月、9月に、窒素成分が主体の酸性肥料を追肥します。与える量は30g/m²程度で、株周りに施します。11月には、有機質肥料を株元に施します。

3年目もあまり剪定はしませんが、2年目と同じように内側に伸びる枝を剪定します。また、根元から新梢《しんしょう》（シュート）が伸びてきますので、先端を切り詰めます。

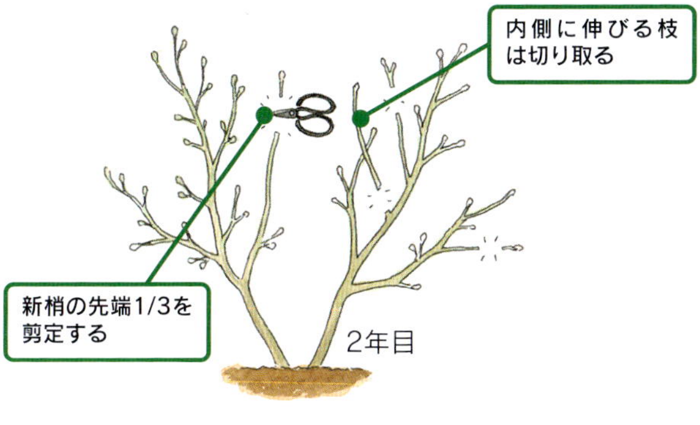
内側に伸びる枝は切り取る
新梢の先端1/3を剪定する
2年目

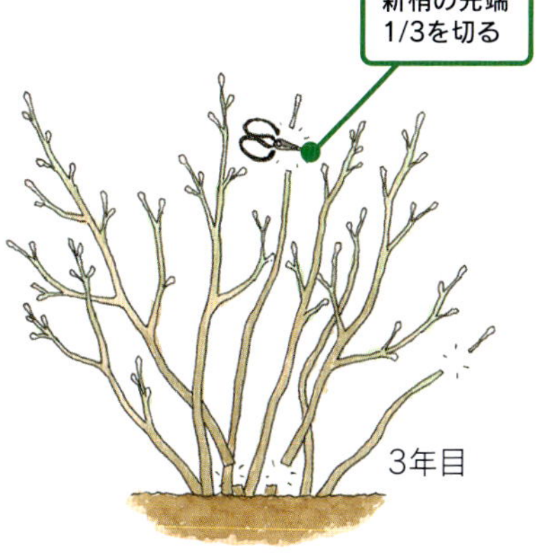
新梢の先端1/3を切る
3年目

3 収 穫

収穫後に枝を切り戻す

3年目ぐらいから実がつき収穫できます。収穫は、果皮が色づいたものから、順に摘み取ります。基本は、1房を熟した順番に3～5回に分けて収穫します。

収穫量の目安は、成木になったら1株あたり1kgを目指します。収穫後は日持ちしないので、すぐに生食するか、ビニール袋に入れて冷凍保存をします。

1 果皮がうっすら赤くなってきたら、約2週間後に収穫できます

2 果皮が黒く色づいたものから、順に摘み取り収穫をします

4 枝の更新

収穫後3～4年で枝の更新

収穫後に枝を剪定して、3～4年もすると枝が太くなり、実つきが悪くなりますので、冬に枝を更新します。

比較的地表に近い場所から伸びた、元気のよい新梢を残して、古い主枝を切り取ります。

残した新梢が伸びてきたら、葉が落ちた後に、先端から1/3を切り詰めて、新しい枝を出させます。

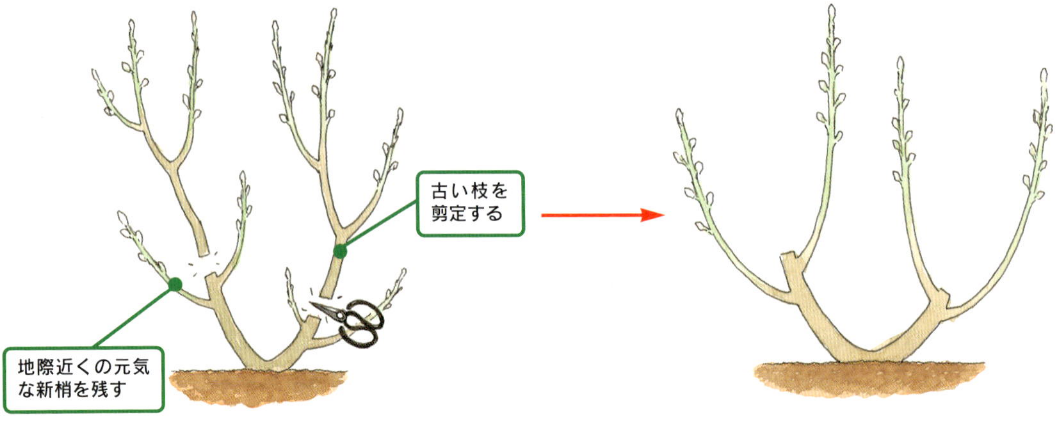
古い枝を剪定する
地際近くの元気な新梢を残す

5 苗樹の取りかた

新梢を掘り取って苗樹にする

3年目ぐらいで、樹の根元より離れたところから生えてくる新梢（サッカー）は、上手に掘り取ると苗木として利用できます。

苗樹を取る場合、萌芽する前の3月頃に、新梢（サッカー）を根ごと掘って取り出します。

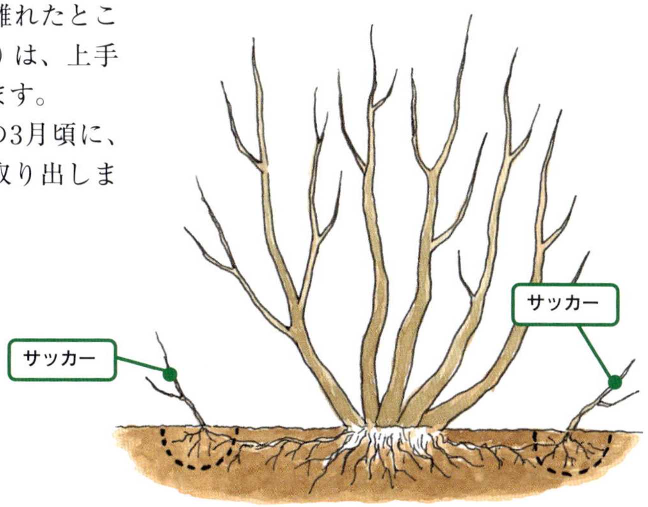

サッカーは萌芽前の3月頃に掘り出す

鉢植えでの育てかた

植えつけ

ブルーベリーは、pH4.5～5.0と、酸性の土壌を好むので、一般的な用土ではなく市販の専用用土を使うと便利です。3月に鉢植えし、西日の当たらない風通しのよい場所で育てます。

水やり

水やりは、鉢土が乾いたら与えますが、開花から収穫までは、底皿に水を入れて底面灌水できるようにします。夏場は乾燥しやすいので、朝夕の2回水を与えるようにします。

追　肥

追肥は植えつけの1か月後に、緩効性の化成肥料20gを施し、以降春と収穫後に追肥します。

収　穫

収穫は色づいた果実から順次摘み取ります。

剪　定

2年目の冬に、主枝を3本ぐらい残し、余分な枝や混み合う枝を間引き剪定します。

3年目以降は、3～4年収穫した枝を剪定し、新梢を伸ばしていきます。また、主枝が若いうちの新梢（シュート）は、地表際から切って間引きますが、樹が疲れてきたら、新梢（シュート）を残して古い枝を地際から切って更新します。

植え替え

収穫できるようになってから、3～4年に1回は植え替えをします。2月に、ひと回り大きな鉢に植え替え、足りない分の新しい用土を補充します。

ミカン科

★★★

ユズ

収穫までは時間がかかるが実つき苗を植えればすぐに収穫

「多田錦」「山根」「ハナユ」など

萌芽前と10月中旬に追肥(化成肥料30g/m^2)

乾燥が続くようなら水やり

黒点病(枯れ枝を取り除いて防除)
カイガラムシ(マシン油乳剤を散布)

栽培のQ&A

Q 樹が大きくなってきたのに実がつきません……

A 新梢《しんしょう》を剪定しない

実のついた苗樹を植えつければ、翌年から収穫できます。通常の苗樹から育てると、実がつくまでに10〜20年かかってしまいますので、気長に育てるしかありません。ただし、ユズは新梢の先端に花芽がついて結実する果樹です。毎年の剪定で新梢を切り落としてしまうと実がつかないので注意しましょう。

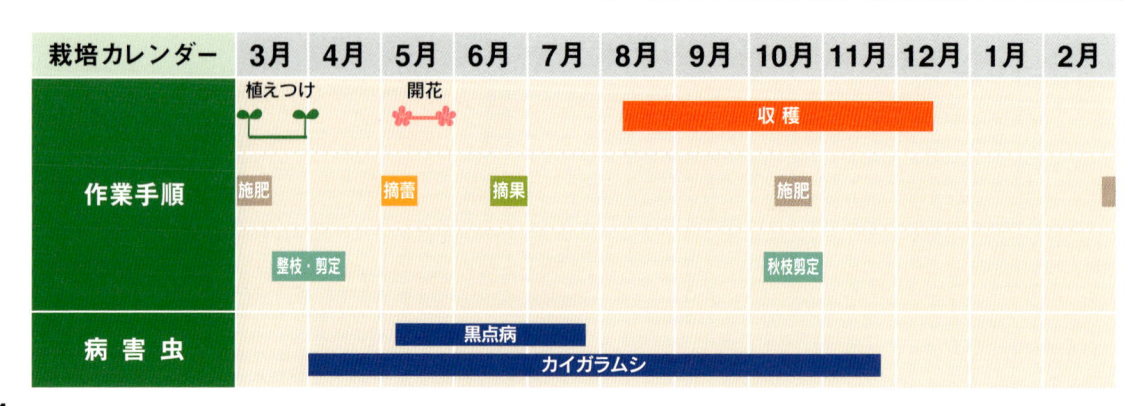

栽培カレンダー	3月	4月	5月	6月	7月	8月	9月	10月	11月	12月	1月	2月
作業手順	植えつけ		開花					収穫				
	施肥		摘蕾	摘果				施肥				
		整枝・剪定						秋枝剪定				
病害虫				黒点病								
					カイガラムシ							

1 植えつけ・追肥

3月につぎ木苗を植えつけ

植えつけは3月に行います。カラタチ台木につぎ木した苗を、日当たりがよく、西日が厳しくない場所に植えつけ、50～60cmの高さで切り戻します。

2年目以降は、新梢の先端から1/3を切り詰めながら剪定します。混んだ枝葉を剪定し、日当たりと風通しを考慮しながら育て、4年目ぐらいで樹形を完成させます。

追肥は、実がついたら10月中旬頃に施します。

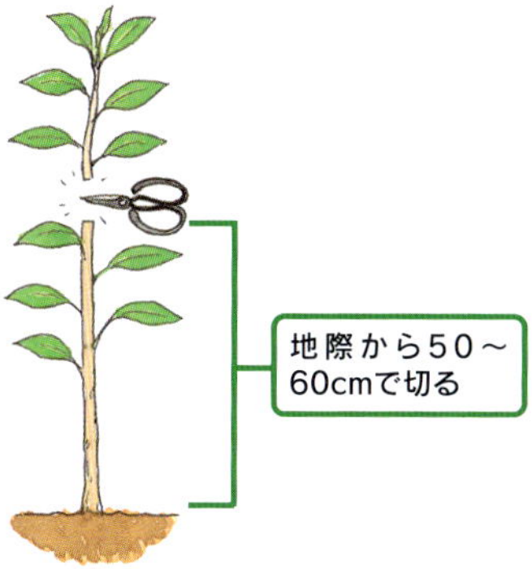
地際から50～
60cmで切る

成功する
コツ
新梢の先端
1/3を切る
2年目

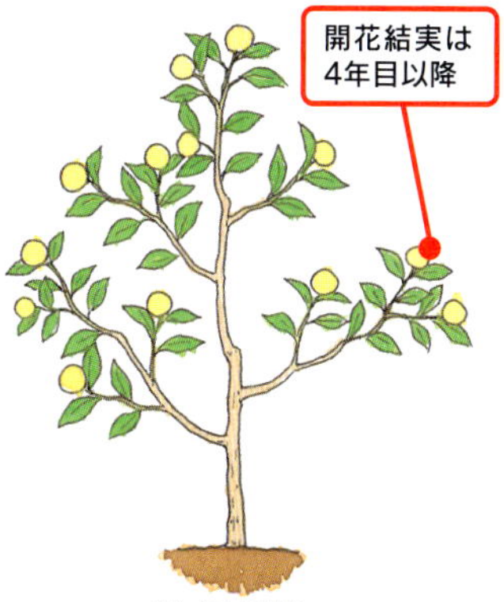
開花結実は
4年目以降
4年目以降

2 摘蕾《てきらい》・摘果《てきか》・収穫

6月下旬に摘果

5月頃に花芽ができてきたらよく観察し、葉が少ない枝の蕾《つぼみ》は、蕾の下を切って摘み取ります。

開花結実したら、6月下旬に、8葉につき一果を目安に摘果します。

果皮が70～80％黄色く色づいた実を収穫します。

色づいた果実を収穫する

鉢植えでの育てかた

植えつけ

北風と西日の厳しくない場所で、カラタチ台木につぎ木した苗樹を鉢植えし、鉢と同じ高さで切り戻します。

鉢土には、赤玉土6、腐葉土3、川砂1の割合で混合したものを使います。植えつけ後、長期間経過すると用土が少なくなるので、増し土をして補います。

栽　培

鉢土が乾いたら水やりし、庭植えと同じ要領で追肥します。

剪　定

直立する枝は誘引してなるべく横に広げます。樹高は鉢の高さの2.5～3倍にとどめて主枝を切り戻します。

★★★★

リンゴ

難易度は高い果樹だが矮性台木なら育てやすい

「つがる」「ふじ」「千秋」など

1～２月と収穫後（11月）に追肥
（化成肥料30ｇ/m^2）

乾燥が続いたら水やり

ハマキムシ（スミチオン乳剤を散布）
ハダニ（ケルセン乳剤を散布）

栽培のQ&A

Q　樹が大きくなってきたのですが、花が咲きません……

A　剪定をしっかり行う

4～5年で花が咲き、実がつくのが普通ですが、新梢を伸ばし放題にしていませんか？　花芽の分化は枝の栄養条件と日当たりにも影響されるので、剪定や整枝をしっかりと行いましょう。

Q　６月頃に突然実が落ちてしまいました……

A　摘花と人工授粉をする

ジューンドロップという生理的落果現象です。実のつきすぎや未受粉が原因ですから、摘花や人工授粉を行います

栽培カレンダー	3月	4月	5月	6月	7月	8月	9月	10月	11月	12月	1月	2月
作業手順	植えつけ	開花					収穫			植えつけ		
		摘蕾・人工授粉	摘果・袋かけ			袋かけ			施肥		施肥	
	整枝・剪定											
病害虫		ハマキムシ・ハダニ										

1 植えつけ・剪定

12月か３月につぎ木苗を植えつけ

植えつけは12月か３月に行います。矮性《わいせい》台木につぎ木した苗を、日当たりがよく、西日が厳しくない場所に植えつけます。

植えつけ後は、支柱を立てて誘引し、80cmの高さで切り戻します。夏に主枝のすぐ下の側枝を切ります。

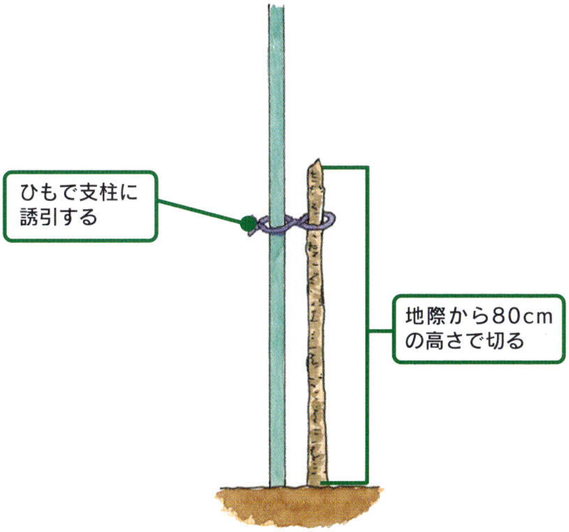
ひもで支柱に
誘引する
地際から80cm
の高さで切る

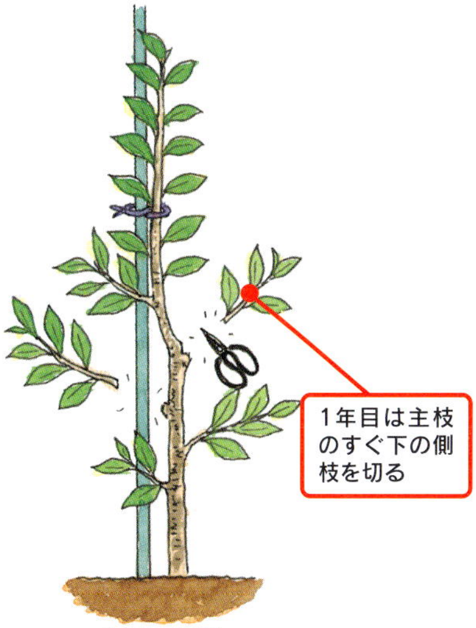
1年目は主枝
のすぐ下の側
枝を切る
1年目の夏

2 2〜3年目の剪定

新梢《しんしょう》の先端を切って剪定

２年目は、2〜3月になったら主幹の新梢を先端から1/3ぐらいの長さで切り詰めます。

発芽前の２月下旬に化成肥料を30g/m^{2}追肥します。

３年目になったら、主幹の先の新梢を、先端から1/3ぐらいで切り詰めます。地表に近い主枝の先に実がつきますが、先端を切り詰めます。

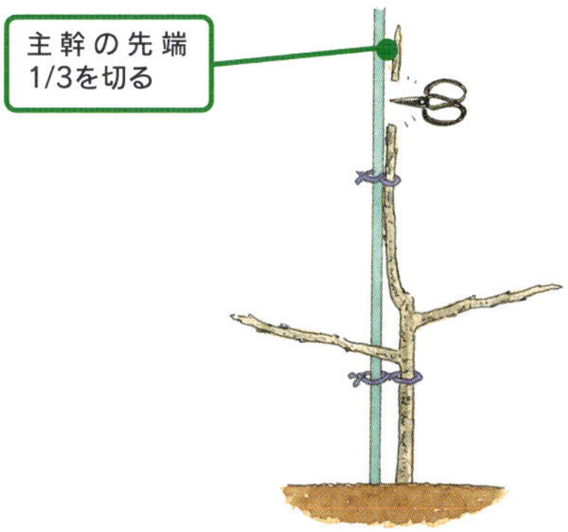
主幹の先端
1/3を切る
2年目

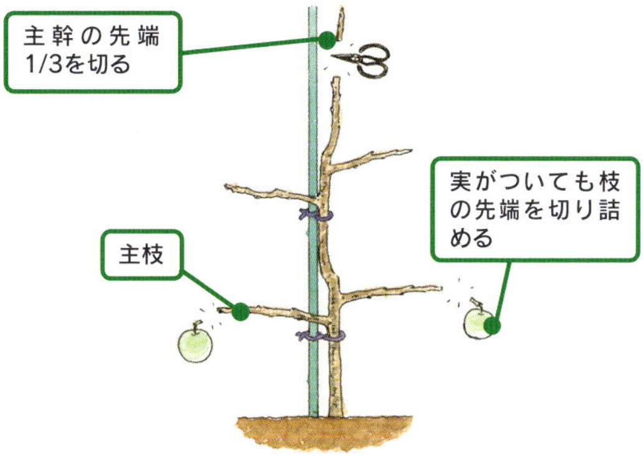
主幹の先端
1/3を切る
実がついても枝
の先端を切り詰
める
主枝
3年目

3 4～5年目の剪定

5年目以降に樹形を完成

4年目の2～3月になったら、地表から3～4番目の主枝の先端を剪定します。

また、生育に合わせて支柱を長いものに変更して誘引します。

5年目で樹形を完成させます。混んでいる枝葉を間引き剪定して、日当たりをよくします。

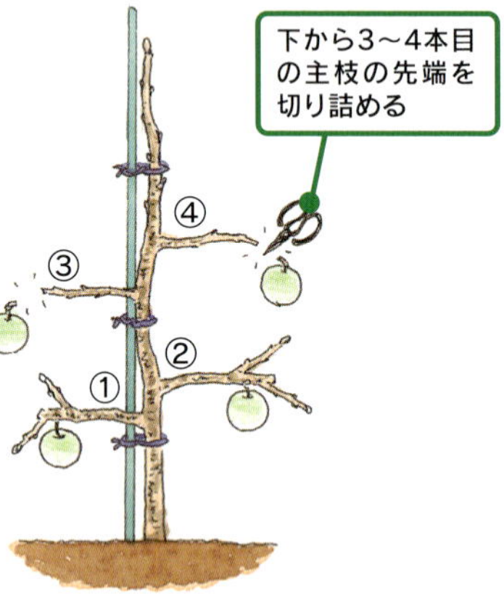
下から3～4本目の主枝の先端を切り詰める
①
②
③
④

4年目

枝葉が混んでいたら剪定する

5年目（樹形完成）

4 摘蕾《てきらい》・人工授粉・摘果

ひとつの花房を2～3個にする

成功するコツ

ひとつの花房に5個以上の花をつけますので、両端と中央の蕾を摘み取って、花房一つにつき、2～3個の蕾《つぼみ》に摘蕾します。

開花したら、3日以内に相性のよい品種の花粉を人工授粉します。

結実したら、最終的に一つの花房につき1個に摘果します。

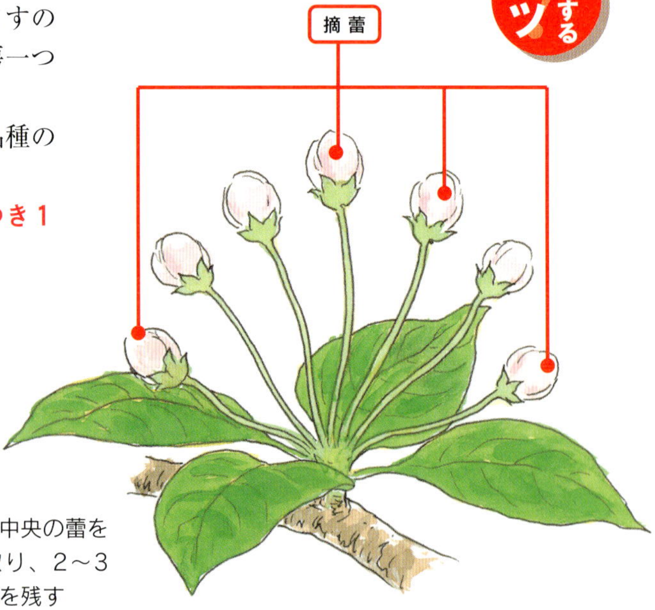
摘蕾

両端と中央の蕾を摘み取り、2～3個の蕾を残す

5 果実管理

実にまんべんなく日を当てる

リンゴは、新梢の先端付近の芽と、短果枝の先端の芽が花芽になり、翌年から開花結実します（伸長した3年目の枝に結実）。

実が大きくなってきたら、品質を向上させるために、日光を遮る葉を切り取り、実を回してまんべんなく日に当てるようにします。

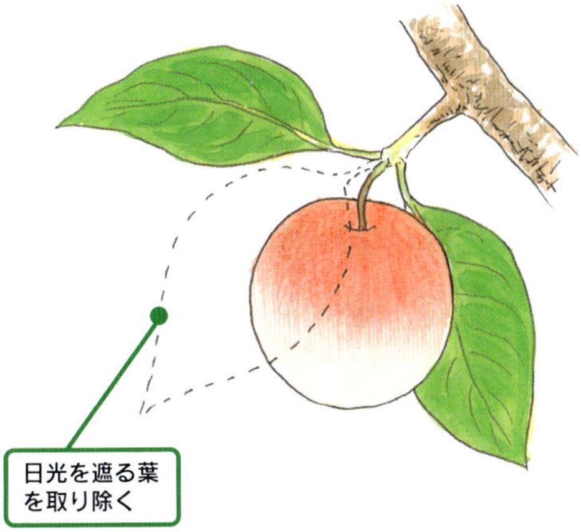

果実を回してまんべんなく日に当てる

鉢植えでの育てかた

植えつけ

リンゴの植えつけは3月に、苗樹を60度に傾けて鉢植えし、西日が避けられる風通しのよい場所で育てます。

水やり

水やりは、鉢土が乾いたら与えます。夏場は乾燥しやすいので、朝夕の2回水を与えるようにします。

追　肥

追肥は植えつけの1か月後に、化成肥料を10g施します。以降は2月下旬の開花前と、収穫後に同量の化成肥料を追肥します。

収　穫

実がつきだしたら、葉で日陰になるのを避け、色づいた果実から順次収穫します。

剪　定

2年目の冬に、主枝を3本ぐらい残し、余分な枝は切り落とします。主枝は、枝が伸びている方向と逆向きに出ている花芽のすぐ上で、半分ぐらいの長さで切り詰めます。6月頃になったら、下側の主枝をひもやワイヤーなどで誘引して、水平に伸ばすようにします。

3年目は、冬になったら、余分な枝を切り落とし、主枝の先を、鉢の高さの2.5〜3倍ぐらいで切り詰め、樹高の生育を止めます。4年目で樹形を完成させます。

用語解説

※野菜づくり・果樹づくりをするうえで、知っておくと便利な用語を五十音順に解説します。用語の後の（　）は、読み方をあらわしています。

野菜づくりの用語

あ

赤玉土（あかだまつち）
火山灰土をふるいで大きさごとに分けたもので、細粒から大粒までの種類があります。水はけ、水もち、通気性のよい酸性土です。種まき用土などに混ぜて使います。

秋まき（あきまき）
秋に種をまいて、冬から春にかけて収穫を行う栽培。

浅植え（あさうえ）
苗などの根が地表から出ない程度に浅く植えつけること。水はけの悪い場所に有効で、反対に茎が多少隠れる程度に植えると深植えになります。

油かす（あぶらかす）
ナタネ、ダイズなどから油をしぼり取った残りかすのことで、有機質肥料のひとつ。

育　種（いくしゅ）
病気に強い品種、収穫性が高い品種、味のよい品種などに改良すること。

石ナス（いしなす）
硬くて光沢のないナスの果実。低温などにより、種なし果になるためにできます。

移　植（いしょく）
シードパンからポット、ポットから畑など、種をまいた場所から、育てる場所へと苗を植え替えること。

一代交配種
（いちだいこうはいしゅ）
「一代雑種」や「F_1《エフワン》品種」ともいいます。遺伝子の異なる個体間の交雑による、雑種一代目の品種で、生育が旺盛でそろいがよい特性があります。

一年草（いちねんそう）
発芽から開花、枯死までが一年以内の植物。本来は多年草でも、日本の気候のもとだと一年草として扱われる植物も多く、野菜の多くがこれに該当します。

一番花（いちばんか）
その株で最初に咲く花のこと。第一花房《だいいちかほう》。

一本立ち（いっぽんだち）
苗や株を間引いて1本だけ残すこと。

忌　地（いやち）
一度収穫をした畑で、連続して同じ作物を栽培すると、芽が出なかったり、枯れたりするなどの障害が出ること。野菜の種類によって違いますが、1年から5年ぐらいの間隔をあけて栽培します。「連作障害《れんさくしょうがい》」の項を参照。

ウイルスフリー
ウイルスに感染していない、または保有していない植物。

植え傷み（うえいたみ）
植えつけ作業などで根を傷め、成長が阻害されたり枯れたりすること。

植えつけ（うえつけ）
収穫する場所に苗を植え替えること。

畝（うね）
畑の土をよく耕し、10～20cmの高さのベッド状に細長く土を盛り上げた、野菜の種をまいたり苗を植えたりする場所。

畝　幅（うねはば）
畝の肩から肩までの幅。

畝　間（うねま）
畝と隣の畝との間。

栄養系（えいようけい）
つぎ木やさし木など種をまかずに栄養繁殖でふやす植物。種まきでは親と同じ形質にならないことが多いが、栄養系は親とまったく同じ形質を受け継ぐ。

液　肥（えきひ）
液体肥料のこと。速効性があるため、追肥の際に使用します。通常は指定の濃度まで水などで薄めてから使います。

塩類集積（えんるいしゅうせき）
雨に当たらないハウス栽培などで、雨による肥料分の流出が少ないため、肥料の塩類が蓄積して肥料による障害が発生すること。

遅　霜（おそじも）
春先に降りる霜のこと。果菜の植えつけ後に霜が降りると苗が枯死します。晩霜《ばんそう》ともいいます。

親づる、子づる、孫づる
(おやづる、こづる、まごづる)

子葉の成長点から伸びる主枝が親づる。親づるの側枝が子づる。子づるの側枝が孫づる。

お礼肥(おれいごえ)

収穫後に疲労した株に施す肥料のことで、株の勢力を回復、再生させるために行います。

か

塊 茎(かいけい)

地下茎の先が肥大したもので、デンプンなどを蓄えています。野菜ではジャガイモやショウガなどが相当します。

塊 根(かいこん)

根が肥大したもので、デンプンなどを蓄えています。サツマイモ、ヤーコンなどが相当します。

花 茎(かけい)

花を咲かせるために伸びる茎。「とう立《だ》ち」の項を参照。

果 菜(かさい)

トマトやキュウリなど実を利用する野菜。ナス科、ウリ科、豆類などが含まれます。

化成肥料(かせいひりょう)

窒素、カリ、リン酸を化学的に合成し、2つ以上の成分を含んだ肥料のこと。使いやすいので、現在の肥料の中心となっています。成分の含有量は商品によって異なります。

活 着(かっちゃく)

苗を植えつけた野菜が根づいて生育すること。

株 間(かぶま)

株と株との間。

株分け(かぶわけ)

株を分離させて別々に育成してふやすこと。過密になった株を若返らせるために行います。

花 房(かぼう)

花が房状になって集まっているもの。

花 蕾(からい)

花の蕾《つぼみ》のことで、ブロッコリーやカリフラワーなどでは、この部分を食用部位として利用します。

カ リ

カリウムのこと。窒素、リン酸とともに、肥料の三要素のひとつ。

緩効性肥料
(かんこうせいひりょう)

成分が少しずつ、ゆっくりと効く肥料のこと。肥料やけが起こりにくい。

寒 肥(かんごえ)

12～2月頃の寒冷期に施す肥料のこと。徐々に分解して、春先に効いてきます。

間 作(かんさく)

作づけの空いた期間に違う野菜(作物)をつくること。

完熟堆肥(かんじゅくたいひ)

原料が十分に分解して、形も臭いもない状態まで発酵熟成の進んだ堆肥。

灌 水 (かんすい)

土や植物へ水をやること。

寒冷紗 (かんれいしゃ)

網目状の資材で、遮光、防寒、防虫、防風などの目的に使います。網目の大きさで遮光率が変わります。通常はプラスチック製の平織資材で、色は黒や白、灰色、銀色などさまざまなものがあり、目的によって使い分けます。

苦土石灰(くどせっかい)

苦土(マグネシウム)と石灰(カルシウム)を含んだ肥料のことです。土に散布することで、土壌の酸度を調整することができます。

鞍つき(くらつき)

1株ごとに円形に盛り上げた畝のこと。

茎 菜(けいさい)

茎の部分を食べる野菜のこと。アスパラガスやタケノコなどがあります。

結 球(けっきゅう)

球状に葉が重なること。キャベツ、レタス、ハクサイなどに見られます。

結 実(けつじつ)

実と種ができること。

耕 起(こうき)

畑を耕すこと。

光合成(こうごうせい)

太陽の光、水、二酸化炭素から植物が有機物を合成する機能のこと。

交 雑(こうざつ)

遺伝子の異なる植物を交配させることで、品種改良のために行われます。

根 菜(こんさい)

イモ類やニンジンなど、肥大した地下部を利用する野菜。

混 作(こんさく)

同じ畑に違う種類の野菜を2種類以上同時に栽培すること。イネ科とマメ科でよく行います。

さ

じかまき
畑に直接種をまく方法。ダイコンなどの直根類（地中に根をまっすぐに伸ばす野菜類）や、軟弱野菜（種まきから収穫まで30～40日程度の野菜）の場合に行います。

敷きわら(しきわら)
わらを畝や株の周りに敷き詰めること。畑の乾燥を防ぎます。また、雨による泥の跳ね返りを防ぐので、病害虫などを防ぐこともできるほか､除草の効果もあります。

雌雄異花(しゆういか)
ひとつの株に雄花と雌花が存在すること。ウリ科の野菜に多い。

雌雄同花(しゆうどうか)
ひとつの花に雄しべと雌しべがある花。

条 間(じょうかん)
ひとつの畝に2列以上の種まきないし植えつけを行う際の、列と列との間。

除 草(じょそう)
雑草などを取り除くこと。

人工授粉(じんこうじゅふん)
雄しべを雌しべの柱頭に軽くなすりつけて、人工的に受粉させること。

す入り(すいり)
根菜類などの根の内部に空洞ができること。

すじまき
溝をつけて、その溝の中に種をまく方法。

整 枝(せいし)
摘心、摘芽、摘果などの仕立て作業。

節 間(せつかん)
葉や芽のつけ根とつけ根との間のこと。

施 肥(せひ)
肥料を施すこと。

剪 定(せんてい)
混み合った枝を刈り取り、風通しや日当たりをよくすること。また、わき芽や主枝を調整するためにも行います。

草 勢(そうせい)
茎や葉が生長する勢いのこと。

早生種(そうせいしゅ、わせしゅ)
通常よりも早めに熟す品種。反意語に晩生種《ばんせいしゅ》があります。

速効性肥料(そっこうせいひりょう)
効果が表れるまでの期間が短い肥料。

た

耐寒性(たいかんせい)
低温に耐える性質のこと。

台 木(だいぎ)
つぎ木の際に土台になる木（植物）のこと。

耐暑性(たいしょせい)
暑さ（高温）に耐える性質。

堆 肥(たいひ)
植物などを腐熟させた、有機質肥料ないし、土壌改良材。

耐病性(たいびょうせい)
病気になりにくい性質のこと。

立ち性(たちせい)
茎やつるが上に伸びていく性質の植物。反意語に這《は》い性《せい》があります。

多年草(たねんそう)
開花して結実した後も枯死することなく、長年生きる植物。

単為結果(たんいけっか)
受粉や種子形成がなくても果実ができること。キュウリやバナナなど。

短日性(たんじつせい)
秋期の、日が短い条件で開花する性質のこと。

窒素肥料(ちっそひりょう)
肥料の三要素のひとつで、茎葉や根の生育を促して葉色をよくします。

中 耕(ちゅうこう)
株の周りの土を耕して土をやわらかく砕くこと。除草効果もあります。

柱 頭(ちゅうとう)
雌しべの先端部分で、花粉がつく場所。

長日性(ちょうじつせい)
春の、日が長い条件で開花する性質。

鎮 圧(ちんあつ)
種まき、覆土の後に土をおさえること。

追 肥(ついひ)
生育中に肥料を施すこと。

つぎ木苗(つぎきなえ)
台木についだ苗のこと。病気や低温などに強い植物を台木に使います。

土寄せ(つちよせ)

株元に土を寄せる作業。株を安定させます。

つるぼけ

つるばかり伸びて開花や結実がうまくできないこと。窒素肥料の施しすぎや、水はけが悪い畑（土壌）、日照不足などが原因で起こる場合があります。

定 植(ていしょく)

苗や球根などを畑に植えつけること。

摘 果(てきか)

果房内の果実を摘み、果実の数を調整すること。

摘 心(てきしん)

茎や枝先の芽を摘み取る作業のこと。わき芽を伸ばしたり、株の草丈を調整するために行います。

摘 蕾(てきらい)

茎ブロッコリーなどの花蕾《からい》を取ること。側花蕾の生長を促す効果があります。

天地返し(てんちがえし)

土の表土《ひょうど》（表面の土）と心土《しんど》（中の土）をひっくり返すこと。栽培が続いて疲れた耕地で行います。

展着剤(てんちゃくざい)

薬剤が水に溶けて植物や病害虫に付着しやすくする薬剤。長ネギなどは表面がろう物質に覆われていて薬剤がつきにくいので、展着剤を混ぜた薬剤を散布しないと薬剤が付着しないため、効果が得られません。

点まき(てんまき)

一定の箇所に数粒の種をまく方法。おもに豆類やダイコンなどに使います。

とう立ち(とうだち)

花茎が伸びてきて開花してくること。

トンネル栽培(とんねるさいばい)

寒冷紗やビニールなどでトンネル状に覆い、その中で栽培する方法。防寒対策や長雨を避ける、防虫などの目的で行います。

な

軟 化(なんか)

光や風を遮断して茎や葉をやわらかくすること。軟白《なんぱく》ともいいます。長ネギ、セロリなど。

2本立ち(にほんだち)

苗を間引いて2本にする作業や、トマトなどで主枝を摘心してわき芽を2本だけ伸ばす栽培方法のこと。

根 鉢(ねばち)

ポットや鉢の中の、根と土のかたまりの部分。

は

バーミキュライト

保水性、保肥性に優れた、雲母《うんも》状の蛭石《ひるいし》を焼いたもの。

胚 軸(はいじく)

発芽した子葉と根の間の部分のこと。茎のスプラウトでは双葉とともに重要な食用部分です。

初 霜(はつしも)

はじめて降りる霜のこと。東京近郊では、一般的に11月下旬頃に初霜が降りるとされ、栽培の際の目安となります。

ばらまき

種を畑にぱらぱらとまんべんなくまく方法。

春まき(はるまき)

春に種をまいて、夏前に収穫を行う栽培方法。春に種をまくことを意味する場合もあります。

晩生種(ばんせいしゅ、おくてしゅ)

通常よりも遅れて熟す品種のこと。反意語に早生種《そうせいしゅ》があります。

晩 霜(ばんそう)

春から初夏にかけて降りる霜。遅霜《おそじも》ともいいます。

光発芽種子(ひかりはつがしゅし)

発芽するときに光が必要な性質の種。レタスなど。

肥切れ(ひぎれ)

肥料が不足すること。

肥料焼け(ひりょうやけ)

肥料成分が多すぎて起こる障害。肥《ひ》焼《や》けともいいます。

品種改良(ひんしゅかいりょう)

交雑させて品種をつくり出すこと。病害抵抗性や収量、味などの点でより優れた品種にするために行います。

覆 土(ふくど)

種をまいた後に土をかぶせる作業のこと。またはその土。

腐葉土(ふようど)

落葉した広葉樹の葉が腐熟したもの。

分 球(ぶんきゅう)

球根類で球根の数が増えること。人為的に球根を分ける場合もいいます。

分げつ(ぶんげつ)

イネ科の野菜など、根に近い部分の茎の節から枝分かれすること。もしくはその枝分かれした茎のこと。

分 枝(ぶんし)

わき芽が伸びて生長し、枝になること。

pH値(ぺーはーち)

水素イオン濃度指数のことで、酸性の強さやアルカリ性の強さを表わす単位。0～14まであり、7.0を中性として、数値が小さいほど酸性が強く、大きいほどアルカリ性が強いことを表します。

べたがけ

防寒、防風、防虫などのために、不織布で野菜を覆って栽培すること。

ホットキャップ

ポリフィルムなどをドーム形にした資材。保温、防風、防虫などの目的で、植えつけ後などに苗を覆って使用します。

ポリマルチ

ポリエチレン製のフィルムでマルチングをすること。

ホルモン散布(ほるもんさんぷ)

開花期の花にホルモン剤を散布して単為結果《たんいけっか》させること。

ま

間引き(まびき)

発芽後などに、込み合った苗や株を引き抜く作業。

マルチング

地温を高めたり、水分蒸発を防ぐために、畝をフィルムなどで覆って栽培する方法。除草の効果もあります。

芽かき(めかき)

主枝を伸ばすために、不要な芽を摘み取る作業。

元 肥(もとごえ)

あらかじめ畑に施しておく肥料のこと。通常は堆肥と化成肥料を施します。

や

誘 引(ゆういん)

枝や茎をひもで支柱などに結んで、茎やつるを正しい方向に伸ばすこと。

有機質肥料(ゆうきしつひりょう)

堆肥、油かす、鶏糞《けいふん》、骨粉《こっぷん》など有機質の肥料。緩効性で効果が出る。

葉 鞘(ようしょう)

葉身と節の間にある、茎を巻いているようにさや状になっている部分。イネ科やユリ科の野菜によく見られます。

葉 身(ようしん)

葉の広がった緑色の部分。

葉 柄(ようへい)

葉身の根元の、柄《え》のようになった部分のこと。

ら

ランナー

親株から伸びた、子株をつける茎。茎の先端に子株を形成し、地面につくと発根してふえていきます。匍匐枝《ほふくし》ともいい、イチゴなどに見られます。

鱗 茎(りんけい)

球形や卵形に肥大した結球の一種。タマネギ、ニンニクなど。

輪 作(りんさく)

毎年場所をかえて栽培する方法。病害虫や地力の低下を防ぐために、一度収穫した場所に違う種類の植物を植えます。

リン酸(りんさん)

肥料のひとつで、開花や結実を促進する効果があります。

連作障害(れんさくしょうがい)

同じ畑に同じ植物を続けて栽培することで起こる障害のこと。

露地栽培(ろじさいばい)

外で行う栽培のことで、トンネル栽培やビニールハウスを使わない、自然の栽培方法。

わ

わき芽(わきめ)

先端以外の節から出る芽。葉のつけ根の上側に出ることが多い。

果樹づくりの用語

あ

亜主枝(あしゅし)

主枝から伸びた枝のこと。主枝よりも細くなり、より細かい枝となります。

枝変わり(えだがわり)

枝や葉がもともとの性質と変わってしまう、一種の突然変異のこと。つぎ木で繁殖させるときにこの性質によって、新しい品種が生まれる場合もあります。

表年・裏年（おもてどし・うらどし）

たくさん実がなる年のことを表年。たくさん実がついた次の年で、実つきが悪い年を裏年といいます。

か

隔年結果（かくねんけっか）

たくさん実がつくと、養分をたくさん使いすぎてしまい、翌年にほとんど実ができなくなってしまう現象。これを防ぐため、摘果や摘花、摘蕾などの作業で着果数を調整します。

果実管理（かじつかんり）

摘果してひとつひとつの実を大きくしたり、袋をかけて害虫被害を防いだりするなど、果実に関する作業のこと。

環状剥皮（かんじょうはくひ）

樹皮の一部分を剥《は》ぎ取って、養分を流れにくくすること。樹木の生育を遅くしたりして、花つきをよくする効果があります。

切り詰め剪定（きりつめせんてい）

枝元から数芽を残して枝の先端を切り、枝の長さをそろえること。

切り戻し（きりもどし）

枝の先端を切り、分枝を出させること。

結果枝（けっかし）

実がなる枝のこと。

結果習性（けっかしゅうせい）

花芽がつき、開花し、実がなるまでの一連の習性のこと。果樹の種類によって習性がほとんど同じになります。

結果母枝（けっかぼし）

新梢《しんしょう》の芽がついている枝のこと（新梢が伸びて花をつける種類の果樹のみ）。

更新剪定（こうしんせんてい）

古い枝を切り、新しい枝を伸ばす剪定方法。結実して疲れた枝を切ることで、樹勢（果樹の生育具合）を回復させることができます。

さ

四季咲き性（しきざきせい）

開花期間が春から秋までと、長い果樹のこと。期間中にすべて実をならせると樹が疲れてしまうので、果実管理をする。

受粉樹（じゅふんじゅ）

自分で受粉できない果樹や、雄しべのない樹に、花粉を与える樹のこと。

新 梢（しんしょう）

その年に新しく伸びた枝。

生理落下（せいりらっか）

たくさんの実がついてしまった場合に、養分が実に吸い取られすぎないように、果樹自身が果実を落として自分を守る行為。

た

短果枝（たんかし）

長さが10ｃｍぐらいと、果実がつく枝のなかで、比較的短い枝のこと。ウメなどでは短果枝によい花芽がつき、収量が増えます。

底面灌水（ていめんかんすい）

鉢やポットの底から、養水分を補給する方法。

徒長枝（とちょうし）

枝の中でも勢いよく生育した枝のこと。

は

花ぶるい（はなぶるい）

開花してすぐに落花したり、早い段階で起きる生理落下のこと。

花芽（はなめ）

花が咲く芽のこと。

花芽分化（はなめぶんか）

果樹に花芽ができること。果樹の種類によって、花芽分化の条件や時期はさまざま。

葉やけ（はやけ）

葉に太陽の強い光が当たるために、乾燥して葉が黄色くなったり、傷んだりすること。

ま

間引き剪定（まびきせんてい）

生育して枝が増えすぎると、風通しや日当たりが悪くなります。それを防ぐための、枝を切って枝数を減らす剪定作業のこと。

模様木風仕立て（もようぎふうじたて）

主幹をまっすぐ伸ばさず、ジグザグに枝を伸ばすような仕立て方のこと。

わ

矮性種（わいせいしゅ）

あまり大きくなりすぎないように、品種改良された品種のこと。

矮性台木（わいせいだいぎ）

矮性種の台木に移植した苗のこと。あまり大きくならなくするために行う栽培方法。

●著者紹介

藤田 智(Fujita Satoshi)

1959年秋田県生まれ。恵泉女学園大学園芸文化研究所准教授。野菜づくりの楽しさを知ってもらいたいと、テレビやラジオの番組など多方面で活躍。最近ではインターネットを使った野菜づくり教室「E-ラーニング」で栽培指導を行う。主な著書は『別冊NHK趣味の園芸　こだわりの家庭菜園』(共著、NHK出版)、『やさしい野菜ガーデン』(主婦と生活社)、『ベランダ畑』(監修、家の光協会)、『よくある失敗と対策がわかる野菜づくり』(小社)など。

成功《せいこう》するコツがひと目《め》でわかる野菜《やさい》と果樹《かじゅ》の育《そだ》て方《かた》

著　者	藤田《ふじた》 智《さとし》
発行者	西沢宗治
印刷所	図書印刷株式会社
製本所	図書印刷株式会社

発行所　株式会社 日本文芸社

〒101-8407　東京都千代田区神田神保町1-7

TEL 03-3294-8931【営業】 03-3294-8920【編集】

振替口座　00180-1-73081

Printed in Japan 112070205-112090210Ⓝ04

ISBN978-4-537-20531-2

URL http://www.nihonbungeisha.co.jp/

編集担当　吉村